藏傳噶瑪噶舉傳承三根本之一：上師，第十七世大寶法王噶瑪巴 鄔金欽列多傑

藏傳噶瑪噶舉傳承三根本之二：本尊，金剛亥母

藏傳噶瑪噶舉傳承三根本之三：護法，二臂瑪哈嘎拉

第十七世大寶法王噶瑪巴　鄔金欽列多傑　恭繪

瑪哈嘎拉心咒

嗡 希瑞以 瑪哈嘎拉 呀恰 佩大利 吽紮

（持咒時請默念）

二臂瑪哈嘎拉

二臂瑪哈嘎拉又稱「大黑天」或「黑袍護法」，是噶瑪噶舉的事業護法。據說是普賢王如來的忿怒化身相，是金剛手菩薩「身」的化現，文殊菩薩「語」的化現，觀世音菩薩「意」的化現，為上師、本尊、護法三根本的化身。

二臂瑪哈嘎拉全身藍黑色，形體矮短、肥大而立，雖為怖畏相，但不凶惡，相貌可愛。一面二臂，三目赤圓，張口咬囓利牙，其形象都是表法：黑色代表堅貞不變，矮小代表謙卑、順從；呈現忿怒的凶相其實是象徵降服自身的心魔，具足大力、大能、無畏、不躊躇，強力行持守護正法與正法修行人的誓願，為眾生的解脫與利益而力除內外障礙，是慈悲心的威猛展現。

本書作者：確戒仁波切

（殷裕翔　攝影）

【第一護法】瑪哈嘎拉

《二臂瑪哈嘎拉日修簡軌》實修教導

作者◎確戒仁波切
藏譯中◎堪布羅卓丹傑

目錄

作者序 7
緣起與感謝 8

儀軌

《二臂瑪哈嘎拉日修簡軌》 9

釋論

第一部，瑪哈嘎拉的英雄之旅 31
故事是這樣開始的……

第一章、護法：守護正法的超級警察 32
護法的分類 32
「世間護法」與「出世間護法」的不同 38

第二章、從大惡到大善的旅程 46
以凡夫身，得大成就的勇者 46

第三章、懺罪修心，證佛果 56
轉殺戮為大力、大勇的旅程 56

第四章、發心實修，大轉變 66
忿怒相的勇猛菩薩 66
列滇拿波：瑪哈嘎拉護法的前身 71

第二部，當黑寶冠遇上黑袍護法 77
與噶瑪巴結下不可思議的緣分

第一章、瑪哈嘎拉的傳承與開展 78
第一護法——瑪哈嘎拉 79

第二章、噶瑪巴與瑪哈嘎拉的緣分 88
瑪哈嘎拉護主、護法的故事 88

第三章、廣傳瑪哈嘎拉的時候到了 96
瑪哈嘎拉的樣貌 97

第三部，生命的勇士 111
《二臂瑪哈嘎拉日修簡軌》解說

第一章、前行修持的重要性 112

第二章、精要的生活日修儀軌 120
皈依發心 121
自生本尊 122
供養食子 123
祈請文 146
酬償誓句 149
懺悔及頂禮 153
持誦心咒 155
祈願、安住 156
迴向祈願文 158

第四部，因為勇氣，我們許下誓言 163
本尊的持誦及觀修

第一章、誦修的四個次第重點 164
持誦——自生觀想與對生觀想 164
觀修——修與大修 167

第二章、觀修本尊的要訣 172
持咒前的觀想步驟 172
持咒的觀想要訣 177

附錄
第五部，你我曾有的約定 187
灌頂開示及問答

附錄一：修法前的灌頂開示 188
附錄二：14 個想知道的答案 200

May the brilliance of the three wisdoms spread

སྔོན་བརྗོད།

༄། སྤྱིར་འཇིག་རྟེན་ཁམས་སུ་མཐའ་ཡས་པའི་འགྲོ་བ་ཁམས་དབང་མོས་པ་སྣ་ཚོགས་པ་ཅན་གཞིས་སུ་གྲུབ་པ་ལྟར། འགྲོ་བ་དེ་དག་གི་རྒྱུད་ལ་ཕན་པ་དང་བདེ་བ་བསྐྲུན་པའི་ཐབས་སུ་ཆོས་དང་འཇིག་རྟེན་གང་གི་སྒོ་ནས་བསྒྲུབ་ཀྱང་དོན་དང་ལྡན་པ་ཞིག་དགོས་གལ་ཆེ་ཞིང་། བསྒྲུབ་བྱ་ཕན་བདེ་ནི་མཐུན་རྐྱེན་བཟང་པོ་ཞིག་དང་འཕྲད་པ་ལ་བརྟེན་ནས་འཐོབ་རྒྱུ་ལས་རང་གར་ཐོབ་པ་མི་སྲིད་ཅིང་། དེས་ན་ཕྱི་ལུས་ཀྱི་འཁྲོད་བརྟེན་དང་ནང་སེམས་ཀྱི་འཁྲོད་བརྟེན་གཉིས་ནི་མེད་དུ་མི་རུང་བ་ལགས་ན། སོ་སོའི་མོས་པ་བསྟུན་པའི་ཐབས་ལམ་ཡང་དག་པ་ལ་འཇུག་པར་བྱ་དགོས་པ་གཞིར་བཅས་ལ། གནས་སྐབས་དང་མཐར་ཐུག་གི་ཕན་བདེ་ཡང་ཐུན་མོང་འཇིག་རྟེན་གྱི་ལམ་དང་ཐུན་མིན་ཆོས་ཀྱི་ལམ་ནས་བརྩོན་དགོས་ངེས་རེད། མདོར་ན་རང་གཞན་ཐམས་ཅད་ཕན་བདེ་ལེགས་ཚོགས་མཐའ་དག་སྒྲུབ་པར་བྱེད་པ་ལ་རྒྱུ་མཚན་ཤེས་དགོས་པ་གལ་ཆེན་པོ་ཡིན་པར་བརྟེན། ད་ལམ་འདིར་ནང་པ་སངས་རྒྱས་པའི་ཆོས་ཚུལ་སྤྱི་དང་བྱེ་བྲག་མང་དུ་མཆིས་པ་ལས་གསང་སྔགས་རྡོ་རྗེ་ཐེག་པའི་ཆོས་ཚུལ་ལ་བླ་མ་ལ་བརྟེན་ནས་སྒྲུབ་པ་དང་། ཡི་དམ་ལ་བརྟེན་ནས་སྒྲུབ་པ་དང་། ཆོས་སྐྱོང་ལ་བརྟེན་ནས་སྒྲུབ་ཚུལ་གསུམ་དུ་བཞུགས་པ་ལྟར། སྐབས་འདིར་ཆོས་སྐྱོང་ལ་བརྟེན་ནས་སྒྲུབ་ཚུལ་ཞིག་སྟེ། ཆོས་སྐྱོང་སྲུང་མ་ཞེས་གྲགས་པ་ལ་འཇིག་རྟེན་དང་འཇིག་རྟེན་ལས་འདས་པའི་ཆོས་སྐྱོང་སྲུང་མའི་དབྱེ་མཚམས་གསལ་པོར་མ་ཤེས་ན་ལམ་གོལ་སར་ཤོར་ཉེན་ཆེ་བས་དེའི་རྒྱུ་མཚན་ཤེས་དགོས་པ་ནི་གལ་ཆེན་པོར་ངེས་ཤིང་། རྒྱུ་མཚན་དེས་ན་སྐབས་སུ་བབས་པའི་ཆོས་སྐྱོང་འདི་ནི་འཇིག་རྟེན་ལས་འདས་པའི་ཡེ་ཤེས་ཀྱི་མགོན་པོ་མ་ཧཱ་ཀཱ་ལ་རྡོ་རྗེ་བེར་ཅན་འདི་ཉིད་སྒྲུབ་བརྒྱུད་རིན་པོ་ཆེ་ཀརྨ་ཀཾ་ཚང་གི་བསྟན་སྲུང་མཐར་ཐུག་བླ་མ་དང་མགོན་པོ་དབྱེར་མེད་དུ་བཞུགས་པ། གང་དག་ལས་དང་བསོད་ནམས་ལྡན་པའི་གང་ཟག་རྣམས་ཀོ་བདེ་བ་དང་འཇུག་སླ་བ་སོགས་དགོས་དབང་སྟབས་བསྟུན་གྱིས་ཕྱོགས་བསྒྲིགས་ཞུས་པ་ལགས་སོ།། །

སྤྱི་ལོ་༢༠༡༩ ཟླ་༦ ཚེས་༡༠ ལ་གཟུས་ཕུན་ཚོགས་ནས་བྲིས་པ་བཀྲ་ཤིས་དཔལ་འབར་འཛམ་གླིང་རྒྱན་གྱུར་ཅིག། །།

KARMA LEKSHEY LING INSTITUTE NEPAL

作者序

用對方法，就能自利利他

世界上的每一個眾生，都具有著不同的身形、能力和性格，要能如實幫助如此不同的心續，都能得到利益和喜樂，無論是佛法或世間法，重點在於用對方法。

利樂不會自己發生，而是當善緣匯聚時才可能得到，因此外在身體和內在心理這兩個善緣，則是我們依照各自信仰而進入不同道法修持時，所不可或缺的重要基礎。

而暫時和究竟的利樂，又分別需要透過一般的世間道法和特殊的法道兩方面的精進努力，才有可能得到。總之，要能圓滿成就一切利樂自他的善妙，就必須清楚知道箇中之奧妙。

這本書，是有關護法的修持法門。在廣博浩瀚的佛教法門當中，此法屬於秘密金剛乘的教法。一般而言，金剛乘的修持分為上師、本尊和護法的修持法門。護法，分為世間和出世間的護法兩種，我們對於這樣的差別也要清楚，避免誤入歧途。

本書的主題——瑪哈嘎拉金剛黑袍護法，是出世間護法的智慧怙主，他是實修傳承噶瑪岡倉的終極護法，傳統上，他被視為和上師無二無別。

為了幫助具有福緣的朋友們，能夠輕鬆掌握與著手修持護法這個法門，因此彙整出版此書。祈願吉祥光照全宇宙！

彭措書於西元 2014 年 7 月 10 日

緣起與感謝

活出內在的英雄

2012年2月，法王 噶瑪巴在聖地菩提迦耶，舉行「噶舉第一護法：二臂瑪哈嘎拉」大灌頂，並諭示大眾修持。

2012年9月，「尼泊爾列些林高級佛學院校長」確戒仁波切應台灣法友請求，在化育道場以四天時間進行「噶舉第一護法：二臂瑪哈嘎拉」的灌頂與教授。這是二臂瑪哈嘎拉在台灣第一次完整的灌頂及教授，擅長說故事的校長，生動地敘說瑪哈嘎拉如何由一位大惡人，經由皈依、懺罪、實修，成為正法修行人的護法神；校長並逐句講解《二臂瑪哈嘎拉日修簡軌》，讓我們未來每天修護法，打下紮實的基礎——這樣的法緣是非常稀有難得的！

以修行而言，最究竟的護法，是自己的心，自心本性是最好的護法神，修持「瑪哈嘎拉」法，最終極的意義，是要讓自心中與大能護法無二無別的本質完全展露，證得「自心本性即是瑪哈嘎拉」，讓自己有能力做自己與眾生的護法神。

《第一護法：瑪哈嘎拉》在兩年後的今天彙整出書了，要感謝當時上課的義工們：吳姵瑢、張齊（藏文）、徐恒巧、徐世華、黃巧嫺、黃寬模、臧珞琳（依姓名筆畫順序）協助本書的聽打作業。如果您是想要「如法修護法」的修行人，如果您對瑪哈嘎拉這位出世間大護法有信心，這本書的付梓，是一個起修的吉祥緣起，也是喚醒我們內在自性中大力與大能的善妙機緣。

眾生文化編輯部 合十

儀軌

《二臂瑪哈嘎拉日修簡軌》

未獲灌頂、口傳，請勿逕行修持

༄༅། །མགོན་པོ་བེར་ནག་ཅན་གྱི་གསོལ་ཁ་ཤིན་ཏུ་བསྡུས་པ་བཞུགས་སོ། །

《二臂瑪哈嘎拉日修簡軌》

修法前的準備：❶

1. 瑪哈嘎拉佛像或唐卡：寺院會置護法殿特別供奉，瑪哈嘎拉佛像、唐卡會蓋起來；個人自修則安奉在佛堂壇城上，修持完應用布蓋上。
2. 食子多瑪一份，或代表食子的餅乾、水果等取代。
3. 紅酒或紅茶，放杯中，一杯即可。可用藏式供酒、供茶專用的「些金」杯，若沒有，用一般杯子取代亦可。
4. 米或花朵、花瓣。
5. 瑪哈嘎拉特殊八供杯，寺院多會供奉，個人自修沒有特殊八供亦無妨。
6. 念珠，持誦心咒計次用。

དང་པོ་སྐྱབས་སེམས་ནི། 首先皈依發心❷（合掌）

སངས་རྒྱས་ཆོས་དང་ཚོགས་ཀྱི་མཆོག་རྣམས་ལ། །བྱང་ཆུབ་བར་དུ་བདག་ནི་སྐྱབས་སུ་མཆི། །

桑傑 卻倘 措吉 秋南拉　祥秋 巴突 達尼 加速契

諸佛正法聖僧眾，　直至菩提我皈依，

❶ 編注：「修法前的準備」為諮詢堪布噶瑪拉巴後，編輯為方便讀者修持所加，非儀軌中原有。

❷ 編注：雙手合掌，念誦皈依發心三次。

བདག་གིས་སྦྱིན་སོགས་བགྱིས་པའི་བསོད་ནམས་ཀྱིས།། འགྲོ་ལ་ཕན་ཕྱིར་སངས་རྒྱས་འགྲུབ་པར་ཤོག །
達格以 謹梭 吉貝 雖南木吉 卓拉 遍契爾 桑傑 竹不巴爾修
以我布施等功德， 爲利眾生願成佛。

ཅེས་ལན་གསུམ། 以上念誦三次

ཚད་མེད་བཞི་ནི། **四無量心**

སེམས་ཅན་ཐམས་ཅད་བདེ་བ་དང་བདེ་བའི་རྒྱུ་དང་ལྡན་པར་གྱུར་ཅིག །
森傑 湯木界 喋哇 倘 喋威 究倘 滇巴爾 秋爾吉克
願一切有情具樂及樂因，（慈）

སྡུག་བསྔལ་དང་སྡུག་བསྔལ་གྱི་རྒྱུ་དང་བྲལ་བར་གྱུར་ཅིག །
讀克阿爾 倘讀克阿爾 吉究倘 察爾哇爾 秋爾吉克
願一切有情離苦及苦因，（悲）

སྡུག་བསྔལ་མེད་པའི་བདེ་བ་དམ་པ་དང་མི་འབྲལ་བར་གྱུར་ཅིག །
讀克阿爾 美貝 喋哇 唐木巴倘 米札爾哇爾 秋爾吉克
願一切有情不離無苦之妙樂，（喜）

ཉེ་རིང་ཆགས་སྡང་གཉིས་དང་བྲལ་བའི་བཏང་སྙོམས་ཆེན་པོ་ལ་གནས་པར་གྱུར་ཅིག །
涅仁因 洽克當 尼倘 察爾威 當紐木 千波拉 涅巴爾 秋爾吉克
願一切有情遠離怨親愛憎，常住大平等捨。（捨）

ལན་གསུམ། 以上念誦三次

བདག་བསྐྱེད་ནི། **自生本尊**❸（觀想自身為金剛亥母）

བདག་ཉིད་སྐད་ཅིག་གིས་རྗེ་བཙུན་རྡོ་རྗེ་རྣལ་འབྱོར་མ་སྐུ་མདོག་དམར་མོ་ཞལ་གཅིག་ཕྱག་གཉིས།
達克尼 給吉克格以 傑尊 多爾傑 囊爾覺爾瑪 固多克 瑪爾摩 暇爾吉克 洽克尼
自身驟化金剛瑜伽女：　一面二臂全身呈紅色，

ཕྱག་གཡས་རྡོ་རྗེས་མཚན་པའི་གྲི་གུག་དང་གཡོན་པས་ཐོད་པ་བདུད་རྩིས་གང་བ་བསྣམས་པ།
洽克耶 多爾傑 燦貝 赤以庫克倘　元貝 推巴 讀玉吉 康哇 南木巴
右持金剛杵柄之鉞刀，　左捧盈滿甘露之顱器，

གྲུ་མོར་ན་ཁ་ཊྭཱཾ་ག་ཡོད་པ་རྒྱན་ཆ་ལུགས་ཐམས་ཅད་ཡོངས་སུ་རྫོགས་པའི་སྐུར་གྱུར།
杵摩那 卡章嘎 約巴 間洽露克　湯木界 雍速 作克貝 固爾秋爾
肘間執持三叉卡章嘎，　佛身寶飾莊嚴咸圓滿。

❸ 編注：本儀軌由此處開始，全程皆自觀為金剛亥母，對瑪哈嘎拉暨眷屬眾作祈請、供養等修持。

གཏོར་བསྔོས་ནི། 供養食子❹（觀想瑪哈嘎拉暨眷屬眾示現面前虛空中）

ཨོཾ། མ་དག་སྣོད་བཅུད་སྟོང་པར་སྦྱངས། །སྟོང་པའི་ངང་ལས་ཡེ་ཤེས་ཀྱི། །
嗡　瑪他克 涅居 東巴爾 姜　東貝昂列 耶謝 吉
嗡❺ 不淨情器化爲空❻，從空性中本智之，

རླུང་མེ་ཐོད་སྐྱེད་སྒྱེད་ཉིད་དུ། །ཐོད་པར་ཤ་ལྔ་བདུད་རྩི་ལྔ། །
隆美 推界 丁尼突　推巴爾　夏恩阿 讀玉吉 恩阿
風火頭顱爐灶上，顱內五肉五甘露，

རླུང་མེས་བསྐོལ་བའི་དམ་ཚིག་པའི། །བདུད་རྩི་རབ་འབར་འོད་ཉིད་དེས། །
隆美 郭爾威 唐木契克　讀玉吉 扃布巴爾 偉尼帖
風動火鼓誓戒之，甘露沸騰放熾光，

ཡེ་ཤེས་བདུད་རྩི་སྤྱན་དྲངས་ནས། །དབྱེར་མེད་ཨོཾ་དང་ཨཱཿཧཱུྃ་གིས། །
耶謝 讀玉吉 見 昌涅　耶爾美　嗡倘阿 吽格以
迎請本智甘露降，合一無別嗡阿吽，

---

❹ 編注：供養食子的時候要觀想瑪哈嘎拉暨眷屬眾，示現面前虛空中。同時上供食子的多瑪要先準備好。

❺ 編注：若共修的話，從此處開始的第一句「不淨情器化為空」，直到最後一句「悉得圓滿佛陀之果位」，全程都要打鼓奏樂，作音樂的供養。自修則可不必奏樂。

❻ 編注：此處的「情器」指有情眾生與器世間。

བྱིན་རླབས་དྲི་རོ་མཚུངས་མེད་གྱུར།
欽拉布 赤以若 聰美 秋爾
加持香味皆無比。

།རྩ་བརྒྱུད་བླ་མ་ཡི་དམ་ལྷ་ཚོགས་དང་། །
札居 喇嘛 依唐木 拉措克 倘
根本傳承上師本尊眾，

དཔའ་བོ་མཁའ་འགྲོ་ཆོས་སྐྱོང་ཚོགས་སྤྱན་དྲངས།
巴喔 康卓 卻炯 措克見 昌
迎請勇父空行護法眾，

།མདུན་གྱི་ནམ་མཁར་སྤྲིན་བཞིན་གཏིབས་པར་གྱུར། །
敦吉 南木卡爾 真因欣 迪不巴爾 秋爾
如雲聚集面前虛空中，

ཡི་དམ་ཀུན་འདུས་རྩ་བའི་བླ་མ་མཆོད།
依唐木 昆讀玉 紮威 喇嘛 卻
供養總集本尊根本師，

།དཀོན་མཆོག་ཀུན་འདུས་རྩ་བའི་བླ་མ་མཆོད། །
昆秋克 昆讀玉 紮威 喇嘛 卻
供養總集三寶根本師，

ཆོས་སྐྱོང་ཀུན་འདུས་རྩ་བའི་བླ་མ་མཆོད།
卻炯 昆讀玉 紮威 喇嘛 卻
供養總集護法根本師，

།ཁྱད་པར་ཆོས་སྐྱོང་བེར་གྱི་ན་བཟའ་ཅན། །
切巴爾 卻炯 佩爾吉 那撒 堅
尤其金剛黑袍護法尊，

དཔལ་ལྡན་ལྷ་མོ་རང་བྱུང་རྒྱལ་མོ་ནི།
巴爾滇 拉嫫 讓炯 嘉爾嫫 尼
具德天女自生之王母❼，

།མཆེད་ལྕམ་འཁོར་དང་བཅས་ལ་མཆོད་པར་བགྱི། །
切將木 擴爾倘 皆拉 卻巴爾 吉
供養兄妹眷屬護法眾。

❼ 譯注：這裡也可譯為吉祥天女。

རྒྱལ་པོ་རྣམ་མང་ཐོས་སྲས་སྔགས་ཀྱི་བདག

嘉爾波 南木芒 推瑟 阿克吉 達克

復於多聞天子密咒主，

མཁར་ནག་རྡོ་རྗེ་རྒྱལ་པོ་ལ་སོགས་པའི།

卡爾那克 多爾傑 嘉爾波 拉梭克 貝

以及黑宮金剛王眾等，

ཟག་མེད་ཤ་ལྔ་བདུད་རྩི་ལྔ་མཆོག་གི

薩克美 夏阿 讀玉吉 阿秋克 格以

殊勝無漏五肉五甘露，

ཛ་གད་རཀྟའི་ཡོན་ཆབ་མཆོད་པར་བཞེས།

札給 扃喋 元洽布 卻巴爾 謝

祈請享用獻供之血液，

དེ་ཁོ་ན་ཡི་ཀུན་བཟང་མཆོད་པས་མཆོད།

帖擴 那宜 昆桑 卻貝 卻

眞如普賢妙供爲供養，

།རྡོ་རྗེ་ལེགས་པ་སྲིན་མགོན་ཞིང་སྐྱོང་དང་། །

多爾傑 列克巴 欣貢 欣炯 倘

賢善金剛羅剎行忠❽神，

།ཀརྨ་པ་ཡི་བསྟན་པ་སྐྱོང་རྣམས་ལ། །

噶爾瑪 巴宜 滇巴 炯南木 拉

噶瑪巴教護法眾尊前，

།གཏོར་མ་རྒྱ་བརྒྱད་པཉྩ་ཨ་མྲི་ཏ། །

多爾瑪 札界 班札 阿米 大

一百零八食子與甘露，

།འདོད་ཡོན་ལྔ་དང་གསང་བའི་མཆོད་པ་དང་། །

堆元 阿倘 桑威 卻巴 倘

五妙欲及秘密之供品，

།ཁྱོད་ཀྱི་སྐྱོན་དག་ཡོན་ཏན་རྫོགས་པ་དེའི། །

卻吉 絹他克 元滇 作克巴 帖以

尊之垢障清淨功德圓，

---

❽ 譯注：行忠，即淨土護法。

གནས་ཚུལ་ཇི་བཞིན་རྟོགས་པའི་སྒོ་གསུམ་གྱི།
涅促爾 其欣 多克貝 果速木 吉
以吾如實證悟之三門，

ཁྱོད་ལ་འདོད་དོན་གསོལ་བ་བཏབ་པ་ནི།
卻拉 堆屯 梭爾哇 大布巴 尼
尊前祈求具義❾之願望，

དངོས་གྲུབ་སྟན་ཐོག་འདི་ལ་སྩོལ་བ་དང་།
約竹布 滇托克 迪拉 作爾哇 倘
祈請賜與此座即現前！

ཡིད་ལ་བསམས་ཚད་སྐད་ཅིག་ཙམ་ཉིད་ལ།
宜拉 桑木策 給吉克 贊木尼 拉
心所想望剎那即成就，

བདག་གིས་མ་ལུས་མྱུར་དུ་འགྲུབ་པ་དང་།
達克格以 瑪呂 紐爾突 竹布 倘
願我迅速無餘促圓成；

།བསྟོད་པ་མ་ལུས་པ་ཡིས་བསྟོད་པར་བགྱི། །
堆巴 瑪呂 巴宜 堆巴爾 吉
願以無餘讚歎而讚歎，

།བདག་སོགས་ཀུན་ལ་མཆོག་དང་ཐུན་མོང་གི །
達克梭克 昆拉 秋克倘 吞盟 格以
吾等一切共不共成就，

།ཁྱད་པར་ཚེ་རིང་ནད་མེད་དཔལ་འབྱོར་རྒྱས། །
切巴爾 策仁因 涅美 巴爾覺爾 界
尤願長壽無病受用增，

གྲུབ་ནས་ཀརྨ་པ་ཡི་བཞེད་པ་ཀུན། །
竹不涅 噶爾瑪 巴宜 謝巴昆
噶瑪巴尊所有之宏願，

།ཀརྨ་པ་ཡི་བསྟན་ལ་གནོད་བྱེད་རྣམས། །
噶爾瑪 巴宜滇拉 涅切 南木
障害噶瑪巴教諸魔障，

❾ 編注：具義，在這裡指有意義。

བདག་གིས་ཐལ་བ་བཞིན་དུ་རློག་པ་ཡི།
達克格以 他爾哇 欣突 洛克巴 宜
我皆摧伏彼等化微塵，

།ནུས་པ་ད་ལྟ་ཉིད་དུ་སྩོལ་དུ་གསོལ། །
努玉巴 他大 尼突 札杜 梭爾
如是威力請賜當下現！

དེ་ལྟར་མཆོད་བསྟོད་དད་པའི་དགེ་བ་དེས།
喋大爾 卻堆 喋貝 給哇 喋
以彼如是供讚信善行，

།མ་གྱུར་འགྲོ་བ་སེམས་ཅན་ཐམས་ཅད་ཀུན། །
瑪秋爾 卓哇 森木間 湯木界 昆
迴向如母一切諸有情，

རྫོགས་པའི་སངས་རྒྱས་གོ་འཕང་འཐོབ་ཕྱིར་བསྔོ། །
作克貝 桑傑 果胖 托不契爾 哦
悉得圓滿佛陀之果位！

གསོལ་ཁ་ནི། 祈請文⑩

ཧཱུྃ། བསྟན་སྲུང་མཐར་ཐུག་རྡོ་རྗེ་བེར་ཅན་དང་།
吽 滇松 他爾突克 多爾傑 佩堅 倘
吽 究竟護教金剛黑袍尊，

།ཡུམ་ཆེན་དཔལ་ལྡན་ལྷ་མོ་རང་བྱུང་མ། །
雍木千 巴爾滇 拉嫫 讓炯 瑪
尊貴具德天女自生母，

---

⑩ 編注：此處要合掌念誦，並以金剛亥母的身分，向瑪哈嘎拉暨眷屬眾作祈請。

ནག་པོ་ཡབ་ཡུམ་ཕྱོགས་བཅུའི་མགོན་པོ་དང་།
那克波 雅布雍木 秋克究以 貢波倘
黑尊父母、十方依怙尊，

།དྲེགས་པ་དོན་གཉིས་བདུད་བཙན་ཀླུ་ཡི་མགོན། །
車克巴 屯尼 讀玉贊 陸宜 貢
七十二煞、魔、靈、龍王等，

རྣམ་སྲས་སྔགས་བདག་སྐྱེས་བུ་རྡོ་རྗེ་ལེགས།
南木瑟 阿克達克 皆布 多爾傑 列克
多聞、咒主、凡眾善金剛，

།སྲིན་མགོན་ཞིང་སྐྱོང་ཀུན་དགའ་གཞོན་ནུ་དང་། །
欣貢 興烔 昆嘎 旋努 倘
羅剎、行忠普善童子等，

མ་བདུན་སྲིང་བཞི་འབར་མ་དགུ་རྣམས་དང་།
瑪敦 興息 巴爾瑪 固南木 倘
七女、四妹、九位熾然女，

།དུས་བཞིའི་ལྷ་མོ་དམག་གི་རྒྱལ་མོ་བཞི། །
讀玉息以 拉嫫 瑪克格以 嘉爾嫫 息
四時天女、四勝戰王母；

དབང་ཕྱུག་ཉེར་བརྒྱད་བརྟན་མ་བཅུ་གཉིས་དང་།
旺秋克 涅爾界 滇瑪 究尼 倘
廿八自在、十二堅實女，

།མཁར་ནག་རྡོར་རྒྱལ་བཀྲ་ཤིས་ཚེ་རིང་སོགས། །
卡爾那克 多爾嘉爾 札西 策仁因 梭克
黑宮王母、吉祥長壽女，

ལྷ་ཀླུ་གཞི་བདག་མཐུ་བོ་ཆེ་རྣམས་དང་།
拉陸 息達克 突喔 切南木 倘
天、龍、地神、一切大力神，

།ཕོ་ཉ་ལས་མཁན་བསམ་ཡས་གྲངས་འདས་ལ། །
波釀 雷千 桑木耶 掌喋 拉
無量無數奉命役使者，

མཉེས་རྫས་དྲག་པོའི་གཏའ་གཏོར་ཆེན་པོ་དང་། །སྨན་དང་རཀྟ་གསེར་དངུལ་དར་ཟབ་སོགས། །
涅則 查克波以 大多爾 千波 倘　面倘 日阿大 瑟爾 烏爾 他爾薩布 梭克
供獻所嗜財物大食子，　藥品、供血、金銀、綢緞等，

དངོས་འབྱོར་ཡིད་ཀྱིས་སྤྲུལ་པའི་མཆོད་རྫས་འབུལ། །དགྱེས་པར་བཞེས་ལ་ཅི་བསམ་ཕྲིན་ལས་སྒྲུབས། །
約覺爾 宜吉 出爾貝 卻則 布爾　皆巴爾 謝拉 吉桑木 慶列 竹布
凡諸實設、意緣等供品，　悅納並令事業得滿願。

（以上祈請文念三次）

བསྐང་བ་ནི། 酬償誓句⑪

ཧཱུྃ། བཀའ་བརྒྱུད་བླ་མ་ཡི་དམ་དང་། །དཔའ་བོ་མཁའ་འགྲོ་ཆོས་སྐྱོང་ཚོགས། །
吽　噶舉喇嘛 依唐木 倘　巴喔 康卓 卻炯 措克
吽　噶舉上師與本尊，　勇父、空行護法眾，

ཁྱད་པར་རྡོ་རྗེ་བེར་ནག་ཅན། །འཁོར་དང་བཅས་པའི་ཐུགས་དམ་བསྐང་། །
切巴爾 多爾傑 佩爾那克 堅　擴爾倘 皆貝 突克唐木 岡
尤於金剛黑袍尊，　及彼眷眾悉償願⑫，

---

⑪ 編注：此段要以金剛亥母的身分，向瑪哈嘎拉暨眷眾作懺悔。共修則打鼓作音樂供養，本段「酬償誓句」全程奏樂；自修則可不必奏樂。

⑫ 編注：此句意思指的是在酬償三昧耶的破損處。

ཕྱི་ནང་བར་ཆད་ཞི་བ་དང་།

契囊 巴爾切 息哇 倘

祈除內外諸障難，

།ཕྲིན་ལས་རྣམ་བཞི་བསྒྲུབ་ཏུ་གསོལ། །

慶列 南木息 竹布都 梭爾

並令四業⓭得成就！

སྔོན་གྱི་སྒྲུབ་བརྒྱུད་གསེར་རིའི་ཕྲེང་ཚོགས་ཀྱིས།

恩吉 竹布吉 瑟爾瑞以 稱措克 吉

往昔傳承金山寶鬘眾⓮，

།ཇི་ལྟར་བཀའ་བསྒོས་ཐ་ཚིག་མ་གཡེལ་བར། །

其大爾 嘎皈 他契克 瑪耶爾 哇爾

如其教令切莫毀誓言。

ཡེ་ཤེས་མགོན་པོའི་ལྷ་ཚོགས་འཁོར་བཅས་རྣམས།

耶謝 貢波以 拉措克 擴爾界 南木

本智護法本尊眷屬眾，

།ཕྱི་ནང་གསང་བའི་མཆོད་གཏོར་འདི་བཞེས་ལ། །

契囊 桑威 卻多爾 喋謝 拉

受用外內秘密食子供，

དྭགས་བརྒྱུད་བསྟན་དགྲའི་ཆོ་འཕྲུལ་ཞི་བར་མཛོད། །

達克居 滇哲 秋出爾 息哇爾 最

平息噶舉⓯教敵之神變⓰！

⓭ 編注：四業，指的是息、增、懷、誅四種佛行事業。

⓮ 編注：觀想歷代成就祖師羅列如金山寶鬘。

⓯ 譯注：原文作達波噶舉，指岡波巴祖師所傳之噶舉傳承。

⓰ 編注：打鼓作音樂供養到這裡為止。

（消融次第、四無量心）（合掌）⓱

ཨོཾ་མ་ཧཱ་ཀཱ་ལ་ཀཱ་ལི་མ་ཧཱ་མཾ་ས་ཁ་རཾ་ཁཱ་ཧི།

嗡 瑪哈嘎拉　嘎里　瑪哈 芒木薩　卡讓　卡嘿以

མ་ཧཱ་རཀྟ་ཁ་རཾ་ཁཱ་ཧི།　མ་ཧཱ་ཙིཏྟ་ཁ་རཾ་ཁཱ་ཧི།　མ་ཧཱ་བ་སུ་ཏ་ཁ་རཾ་ཁཱ་ཧི།

瑪哈 鬲大 卡讓 卡嘿以 瑪哈 吉大 卡讓 卡嘿以 瑪哈 琶蘇大 卡讓 卡嘿以

མ་ཧཱ་མཛྫ་མེ་ཙ་ཁ་རཾ་ཁཱ་ཧི།　མ་ཧཱ་གོ་རོ་ཙ་ན་ཁ་རཾ་ཁཱ་ཧི།

瑪哈 銘紮　美則以 卡讓 卡嘿以　瑪哈 擴若紮那 卡讓 卡嘿以

མ་ཧཱ་ཨ་མྲི་ཏ་ཁ་རཾ་ཁཱ་ཧི།　མ་ཧཱ་སུ་ར་ཏ་ཁ་རཾ་ཁཱ་ཧི།

瑪哈 阿米達 卡讓 卡嘿以　瑪哈 蘇鬲大 卡讓 卡嘿以

མ་ཧཱ་བ་ལིཾ་ཏ་ཁ་རཾ་ཁཱ་ཧི།　མ་ཧཱ་ཀི་ནི་རི་ཏི་ཁ་རཾ་ཁཱ་ཧི།

瑪哈 琶林木大 卡讓 卡嘿以　瑪哈 根木尼瑞以地 卡讓 卡嘿以

⓱ 編注：此處要雙手合掌，念供養咒。

（懺悔咒）（合掌）⓲

ༀ་ས་མ་ཡ།　　ཨཱ་ས་མ་ཡ།　　ཧཱུྃ་ས་མ་ཡ།

嗡　薩瑪呀　　阿　薩瑪呀　　吽　薩瑪呀

嗡　三昧耶；　阿　三昧耶；　吽　三昧耶。

ༀ་ཤྲཱི་མ་ཧཱ་ཀཱ་ལ་ཡཀྵ་བེ་ཏ་ལི་ཧཱུྃ་ཛཿ

嗡 希瑞以 瑪哈嘎拉 呀恰 佩大利 吽 紮

ཡིག་བརྒྱ་ནི། **百字明咒**⓳（合掌）

ༀ་བཛྲ་ས་ཏྭ་ས་མ་ཡ།　མ་ནུ་པཱ་ལ་ཡ།　བཛྲ་ས་ཏྭ་ཏྭེ་ནོ་པ་ཏིཥྛ།　དྲི་ཌྷོ་མེ་བྷ་ཝ།

嗡 邊紮薩埵薩瑪呀　瑪奴巴拉呀　邊紮薩埵喋諾巴　諦叉則卓美巴哇

སུ་ཏོ་ཥྱོ་མེ་བྷ་ཝ།　སུ་པོ་ཥྱོ་མེ་བྷ་ཝ།　ཨ་ནུ་ར་ཀྟོ་མེ་བྷ་ཝ།　སརྦ་སིདྡྷི་མྨེ་པྲ་ཡ་ཙྪ།

速埵卡唷美巴哇　速波卡唷美巴哇　阿奴惹多美巴哇　薩爾哇悉地美札呀擦

སརྦ་ཀརྨ་སུ་ཙ་མེ་ཙིཏྟཾ་ཤྲེ་ཡཿ ཀུ་རུ་ཧཱུྃ།　ཧ་ཧ་ཧ་ཧ་ཧོཿ བྷ་ག་ཝཱན།

薩爾哇嘎爾瑪速紮美　積當希瑞以呀　咕如吽　哈哈哈哈吙　巴嘎問

⓲ 編注：此處合掌念誦懺悔咒。

⓳ 編注：此處合掌念誦百字明咒，懺悔違犯三昧耶之罪業。

སརྦ་ཏ་ཐཱ་ག་ཏ། བཛྲ་མཱ་མེ་མུཉྩ། བཛྲཱི་བྷཱ་ཝ་མ་ཧཱ་ས་མ་ཡ་ས་ཏྭ་ཨཱཿ

薩爾哇達他嘎達　邊紮瑪美木札　邊知以巴哇　瑪哈薩瑪呀　薩埵阿

(頂禮黑袍怙主瑪哈嘎拉)（合掌）

ཚེ་རབས་ཀུན་ནས་རྒྱལ་བས་དབང་བསྐུར་ཅིང་། །ཚེ་རབས་ཀུན་ཏུ་བསྟན་པ་སྲུང་མཛད་པའི། །

策局布 昆涅 嘉爾威 旺固爾 淨 策局布 昆都 滇巴 松則 貝

生生世世諸佛所灌頂，　生生世世守護正法教，

མགོན་པོ་མཐུ་ཆེན་ཁྱོད་ལ་ཕྱག་འཚལ་ལོ། །

貢波 突千 卻拉 洽擦爾洛

大力怙主尊前我頂禮！

ན་མོ་ཨཱ་ཀྲི་ཎི། ན་མོ་ཡོ་ཧྲི་ཎི། ན་མོ་ཏ་ཀྲི་ཎི།

南無 阿 知以尼　南無 唷 知以尼　南無 大 知以尼

ཏདྱ་ཐཱ། ཨོཾ་ཧྲི་ལི་ཧྲི་ལི། ཀི་ཏི་ཙི་ཏི། ནི་ཏི་པ་ཏ་ཡེ་སྭཱ་ཧཱ།

喋呀他　嗡 黑以利 黑以利　格以地 則以地　尼地 巴大耶 梭哈

（祈請黑袍怙主瑪哈嘎拉）（合掌）

ཚེ་རབས་སྔོན་ནས་ད་ལྟ་ཡན་ཆད་དུ།
策局不 恩涅 他大 遍切 突
生生世世往昔直至今，

།རྒྱལ་བའི་བསྟན་པ་བསྲུང་བར་དམ་བཅས་པ། །
嘉爾威 滇巴 松哇爾 唐木皆 巴
誓願守護如來正法教，

ད་ལྟ་དེང་འདིར་བསྟན་པ་རྒྱས་པ་དང་།
他大 聽迪爾 滇巴 皆巴 倘
現今於此弘揚佛正法，

།བདག་ཅག་རྣལ་འབྱོར་འཁོར་དང་བཅས་པ་ཡི། །
達克嘉克 囊爾覺爾 擴爾倘 皆巴 宜
我等瑜伽眷屬一切眾，

ཕྱི་ནང་བར་ཆད་ཐམས་ཅད་ཞི་བར་ཤོག །
契囊 巴爾切 湯木界 息哇爾 修克
內外障難唯願悉平息！

（默誦二臂瑪哈嘎拉心咒）[20]

ཨོཾ་ཤྲཱི་མ་ཧཱ་ཀཱ་ལ་ཡཀྵ་བེ་ཏཱ་ལི་ཧཱུྃ་ཛཿ
嗡 希瑞以 瑪哈嘎拉 呀恰 佩大利 吽紮

བརྒྱ་འམ་ཅི་མང་བཟླས། 百遍或儘力多持誦。

---

[20] 編注：心中默念，不可發出聲音，以免餓鬼道等眾生心生恐懼。

（祈請文）㉑

བདག་ནི་མངོན་པར་བྱང་ཆུབ་སྐེ། །རང་རིག་ཡེ་ཤེས་མངོན་གྱུར་ནས། །

達克尼 恩巴爾 蔣秋布 喋 讓瑞克 耶謝 恩秋爾 涅

我於現證菩提際，現證自明本智已，

སངས་རྒྱས་བསྟན་པ་བསྲུང་སླད་དུ། །ཚོད་དང་མི་འབྲལ་འགྲོགས་པར་ཤོག །

桑傑 滇巴 松列 突 卻倘 米札爾 卓克巴爾 修克

為護諸佛教法故，願尊長伴不相離！

（祈請安住）㉒

བདག་དང་འགྲོ་ལ་ཐུགས་བརྩེའི་ཕྱིར། །ཉིད་ཀྱི་རྫུ་འཕྲུལ་མཐུ་ཡིས་ནི། །

達克倘 卓拉 突克則以 契爾 尼吉 族出爾 突宜 尼

慈憫我及眾生故，（手心向上）㉓ 以尊神通之威力，

ཇི་སྲིད་མཆོད་པ་བདག་བགྱིད་པ། །དེ་སྲིད་བཅོམ་ལྡན་བཞུགས་སུ་གསོལ། །

其夕 卻巴 達克吉 巴 帖夕 炯木滇 修克速 梭爾

乃至我作供養時，祈請薄伽梵安住㉔！

㉑ 編注：祈請時，若為共修則應打鼓作音樂供養，本段全程奏樂；自修則可不必奏樂。

㉒ 編注：祈請安住，若為共修則應打鼓作音樂供養，本段全程奏樂；自修則可不必奏樂。

㉓ 編注：此時手心向上，意指「祈請安住」。

㉔ 編注：此處可作融攝次第的觀想。

བསྔོ་སྨོན་ནི། 迴向祈願文[25]（合掌）

དགེ་བ་འདི་ཡིས་མྱུར་དུ་བདག །
給哇 迪宜 紐爾突 達克
我以此善願速證，

བླ་མ་ཡི་དམ་དཔའ་བོ་མཁའ་འགྲོ་ཆོས་སྐྱོང་སྲུང་མ་འགྲུབ་གྱུར་ནས། །
喇嘛 依唐木 巴喔 康卓　卻炯 松瑪 竹布秋爾 涅
上師本尊勇父眾，　空行護法守者已，

འགྲོ་བ་གཅིག་ཀྱང་མ་ལུས་པ། །དེ་ཡི་ས་ལ་འགོད་པར་ཤོག །
卓哇 吉克將 瑪呂 巴　喋宜 薩拉 皈巴爾 修克
令諸眾生一無餘，　悉登彼等之勝位[26]！

ༀ། བདག་ཅག་རྣལ་འབྱོར་མཆེད་ལྕམ་རྣམས། །དོན་གཉིས་ལྷུན་གྱིས་གྲུབ་གྱུར་ཅིག །
嗡 達克嘉克 囊爾覺爾 切將木 南木　屯尼 倫吉 竹布 秋爾 吉克
嗡 願我瑜伽兄弟眾，　二利任運得成就，

[25] 編注：合掌念誦迴向祈願文。共修時打鼓作音樂供養，本段全程奏樂；自修則可不必奏樂。

[26] 編注：此處可將事先準備好的米或花瓣拋撒，表示發願後的供養。

སྐྱེ་ཤི་འཕོ་འགྱུར་མེད་པ་དང་། །བླ་མེད་སྐུ་གསུང་ཐུགས་འགྲུབ་ཤོག །

皆夕 波究爾 美巴 倘　　拉美 固松 突克竹布 修克

不再流轉於生死，　　成就無上身語意㉗。

（吉祥文）㉘

དཀྱིལ་འཁོར་གཞལ་ཡས་འདིར་ཡང་བཀྲ་ཤིས་ཤིང་། །ཉིན་ཡང་བཀྲ་ཤིས་དཔལ་འབར་ཏ་ལ་ལ། །

吉爾擴爾 暇爾耶 迪爾揚 札西 興　　您揚 札西 巴爾巴爾 大拉 拉

願此越量壇城大吉祥㉙，　　晝亦吉祥威德赫赫然，

མཚན་ཡང་བཀྲ་ཤིས་དཔལ་འབར་ཀྱི་ལི་ལི། །ཉིན་མཚན་རྟག་ཏུ་བཀྲ་ཤིས་བདེ་ལེགས་ཤོག །

燦揚 札西 巴爾巴爾 吉利 利　　您燦 大克都 札西 喋列 修克

夜亦吉祥威德熠熠然，　　晝夜常願吉祥樂且善㉚！

མཎྜ་ལཾ་སིདྡྷི་ཛ་ཡ་ཨ་ལ་ལ་ཧོཾ། །

芒嘎浪木悉地 紮呀 阿拉拉吙（撒米或撒花）㉛

㉗ 編注：此處可將事先準備好的米或花瓣拋撒，表示發願後的供養。

㉘ 編注：作者在解說此儀軌時提到，由此處開始為讚頌瑪哈嘎拉的（吉祥文）。

㉙ 編注：指修行者現居之道場。

㉚ 編注：此處可將事先準備好的米或花瓣拋撒，表示發願後的供養。

㉛ 編注：此處做最後一次的撒米或撒花瓣，瑪哈嘎拉日修簡軌至此結束。

（迴向）

བདག་ནི་སྐྱེ་བ་ཐམས་ཅད་དུ།
達克尼 皆哇 湯木界 突
願我世世皆得證，

།བླ་མ་མི་བསྐྱོད་རྡོ་རྗེ་དང་། །
喇嘛 米覺 多爾傑 倘
上師不動金剛尊，

ཡི་དམ་རྡོ་རྗེ་རྣལ་འབྱོར་མ།
依唐木 多爾傑 囊爾覺爾 瑪
本尊金剛瑜伽母，

།ཆོས་སྐྱོང་རྡོ་རྗེ་བེར་ཅན་སོགས། །
卻炯 多爾傑 佩爾堅 梭克
護法金剛黑袍尊，

ནམ་ཡང་དབྱེར་མེད་གོ་འཕང་ཤོག །
南揚 耶爾美 果胖 修克
三者無分之果位！

བསྔོ་བ་ནི། 迴向文

བསོད་ནམས་འདི་ཡིས་ཐམས་ཅད་གཟིགས་པ་ཉིད། །ཐོབ་ནས་ཉེས་པའི་དགྲ་རྣམས་ཕམ་བྱས་ནས། །

雖南木 迪宜 湯木界 息克巴 宜　　托木涅 尼貝 札南木 潘木切 涅

以此功德願證佛自性，　　降伏煩惱怨敵之過患；

སྐྱེ་རྒ་ན་འཆིའི་རྦ་རླབས་འཁྲུགས་པ་ཡི། །སྲིད་པའི་མཚོ་ལས་འགྲོ་བ་སྒྲོལ་བ་ཤོག །

皆戈 那契以 巴拉布 出克巴 宜　　夕貝 措列 卓哇 卓爾哇爾 修克

生老病死洶湧之波濤，　　願度眾生解脫輪迴海㉜。

དགེའོ། །སརྦ་མངྒ་ལཾ། །

善哉！吉祥圓滿！

（儀軌操作諮詢／堪布噶瑪拉巴）

㉜ 編注：迴向完，食子多瑪端出至戶外淨處或陽台，供養瑪哈嘎拉暨眷屬眾，稍後再投至垃圾桶，不可回收使用。若以餅乾代表食子，亦不可取回食用。修法後之紅茶或紅酒亦不可食用，最好倒至戶外，若無戶外，倒入洗手台亦可。

釋論

第一部，瑪哈嘎拉的英雄之旅

故事是這樣開始的……

第一章

護法：守護正法的超級警察

護法是守護佛教和正法修行人，讓佛法長久住世的守護者。

首先跟大家問安：「扎西德勒！」在這三天時間裡，我會先跟大家談談我們對「護法」應該要有的正確理解，然後依序跟大家敘說「第一護法瑪哈嘎拉」的傳承及典故，包括瑪哈嘎拉他是如何得道？為什麼會成為佛教的第一護法？接著再解說《二臂瑪哈嘎拉日修簡軌》的實修方法與本尊觀修步驟。

護法的分類

為了讓我們得到解脫或者得到解脫的果位，首先，我們需要依靠的是一位護法。護法可以幫助我們消除各種中斷解脫或者障礙修持的種種逆緣。

何謂護法？就是守護佛教與正法修行人，讓佛法長久住世的守護者。當我們談到護法的時候，我們會直接聯想：是不是只有金剛乘（密乘）才有所謂的護法？其實，不論大、小乘或金剛乘，這三乘都有護法。

小乘護法：鬼子母

例如，專門守護小乘律典教法的護法鬼子母。她有五百個孩子。大家可能會覺得，為何會由這樣的護法來守護律典的教法呢？我們可以從佛陀時代曾發生的故事，來說明緣由。

2500 多年前，當時鬼子母總是抓人世間的其他生命，去餵養她的五百個孩子。佛陀知道後，就跟鬼子母說：「你不要再殺害其他的生命，你要斷除一切的惡行。」佛陀跟鬼子母說，他會要他僧團所有的比丘，在吃缽飯的時候，先捏一糰食物，呼喚鬼子母跟孩子們食用，得以飽食，不受饑餓之苦。鬼子母聽了，當下承諾佛陀，不再做惡行，而且也發願要護持佛陀的律典教法。

從那個時候開始，鬼子母就變成守護佛陀律典的護法。她也是守護持守戒律的行者的護法，也就是佛教的護法。所以藏傳佛教的僧團，到現在都還持續保有當時佛陀延續下來的傳統——吃缽飯的時候，會先揉一點米糰，迴向給鬼子母及她的五百個孩子。

佛陀當時制定迴向給鬼子母的傳統，一直流傳到現在，未曾中斷。如果我們也這樣來作供養，不僅可以幫助持戒者的戒律清淨，佛陀這一戒律傳承也能長久住世，其利益是很大的。

大乘外在護法：四大天王

大乘佛教的護法是四大天王。在佛寺寶殿的外殿，我們可以看見四大天王的雕像或法照，因為四大天王是守護教法的護法，也是大乘佛法的外在護法，所以一般都將四大天王放置在寺院外殿。而大乘內在護法又是什麼呢？大乘法教分為「深見派」及「廣行派」兩大傳承，每一個傳承中，都有許多護法守護傳承，也守護修持傳承的行者，這些守護者都可以稱為大乘內在的護法。

密乘護法：世間、出世間兩類

相對來說，密乘的護法就更多了。講到密乘護法，可以分「世間」護法與「出世間」的護法兩大類。這兩者最主要的差別在於所得到的成就不同。

透過世間的護法，得到的是共同的成就；在共同成就之上，如果還能得到殊勝的成就，就叫做「出世間」的護法。所謂共同成就的「共同」，在這裡指的是共通、共同的意思。2500

年前的時代，當年在印度，不僅有佛教，還有印度教，所以「共同」的意思就是指：這種成就，不僅佛教有，印度教也有，不同宗教都可以達到共同、共通的一種成就，就叫做共同成就。

從宗教成立的時間先後來講，印度教比佛教還早出現，所以佛陀當時在學習過程，一開始依止的也是所謂的世間上師，就像印度教這樣。但佛陀不僅止如此，他更透過一系列的修持，最後得到殊勝的佛果，在那一刻，才真正叫出世間。

當時，印度主要的世間天神，也就是帝釋天、梵天、大梵天、大自在天等等，透過他們，我們可以得到共同的成就，也就是所謂的「世間」成就，這樣子的共同成就，在佛教也有。

佛教如何幫助我們得到共同的成就呢？以顯教來講，當你對「止」的禪修得到一種自在，這種就叫做共同的成就。如果要再進一步得到出世間的成就，那麼在「止」的禪修上，再做「觀」的禪修，也就是「止」、「觀」雙運的時候，就會得到殊勝的成就。這個成就超越了世間成就，所以叫「出世間」的成就。

換句話說，顯乘是透過「止」跟「觀」的修持，來達到世間成就與出世間的成就。如果是透過「止」的禪修，最後得到共同的成就，它有一個名詞，叫「四禪天」或「四禪定」，這是「止」的禪修最終會得到的果位。也就是說，透過「止」的禪修，最終會得到梵天的果位。由此可知，梵天所擁有的是共同成就，也就是世間神。

所以，透過梵天跟大自在天的修持，所得到的果位，也就是共同的成就。那麼，要用什麼方法可以達到世間共同的成就呢？它是經由次第的修持世間的禪定，也就是初禪、二禪、三禪、四禪天，這樣漸次地修持方法，來達到世間共同成就。

但以佛教來講，世間成就並不是最終的果位。梵天也好，大自在天的果位也好，都不究竟，也不能叫殊勝的果位，它只是一個共同的成就，以佛教而言，就叫做「止」的禪修。從這裡可以看出，共同的成就有兩個名稱：一個是世間的禪定，一個是止禪，名稱雖不同，但意思是一樣的。

出世間成就的關鍵在「止觀雙運」

什麼才是超越世間的禪定呢？它就是「觀」的修持。這樣一個超越世間成就的「觀」的禪修，在佛教中是一個不共的、特殊的修持。為什麼會被稱作不共的、殊勝的？這是因為在世間禪定的修持中，他們不承認在「止」的境界之上，還有「觀」的修持，而且，也不去做那樣的修持。所以，佛教「觀」

的禪修是特殊的，是不共的。

換句話說，這裡的「觀」是什麼呢？它就是止、觀雙運的一種修持。當具備了止、觀雙運的成就時候，就是出世間的禪定了。具備止、觀雙運的出世間禪定的行者，以本尊來說，就是出世間的本尊，以護法來講，也就是出世間的護法。

所以「止」的禪修，其實是幫助我們將心平靜下來的一個方法，它並不能幫助我們認識或找到自心本性。所以，當心止（靜）下來之後，要進一步認識心的自性，這時候就要用「觀」的方法來修持。

顯乘的大手印或者三乘中所有的修持，如果是在止、觀雙運的情況下修持，得到的就是殊勝的成就；如果沒有止、觀雙運，它就只是世間的成就，兩者之間的差別就在於有沒有作「觀」的修持。因此，當我們說佛教與其他宗派修持的特殊之處在哪裡時，我們可以說它是因為在「止」的修持之上，還有「觀」的修持，在止、觀雙運的情況下，幫我們達到殊勝、究竟的成就。

舉個例子來說，我們做修持時都會抱持著希望，希望什麼呢？就是希望最後能有成果！即使不是修持，談工作好了，就算你做任何一個工作，都會希望達到一個目標或是成果。那麼我們會問了：禪修會達到什麼樣的成果呢？如果你修「止」的禪修，結果就是得到世間的成就，也叫做共同的成就。但它還不是最殊勝的。所以，在止的禪修上，我們無法說佛教是最究竟的，因為它所達到的成果，其他的宗派也可以達到。但是當我們在「止」的禪修上面再進一步去做「觀」的修持時，止、觀雙運的佛法則可以幫我們達到殊勝、究竟的成就。

密勒日巴大師曾經說：「不要再執著止的禪修這個小池子，因為這樣子的執著，勝觀的花朵是無法生起的。」也就是說，只有止的禪修那樣一個小水池，是生不出勝觀的花朵。換句話說，一定要具備止、觀禪修的修持，才可能有殊勝的果。

「世間護法」與「出世間護法」的不同

由於成就有分「世間成就」與「出世間成就」的差別，所以才會有不同的本尊與護法出現。再舉個例子，如果我們透過止的禪修，達到了很好的成果，但光是這樣，你還是無法說佛教特殊的地方在哪裡，因為梵天或是帝釋天的許多修持，也會有這樣的結果出現，這是共同的成就。

所以，佛教特殊的地方是在於「觀」。如果我們「止」的禪修修得好，有一天發願：「將來我要成為佛教的護法！」如此也只能叫世間的護法，並無法成為出世間的護法。所以從顯乘的角度來說，有沒有獲得「出世間」的成就，關鍵就在於有沒有「觀」！

生、圓雙運，得出世間成就

密乘又是以什麼來達到「世間成就」與「出世間成就」呢？密乘最主要的修持是「生起次第」跟「圓滿次第」。如果只是修生起次第，而且也修到了一種穩定的境界，所得到的果位，也僅是世間的共同成就。於是，在這樣穩定地生起次第之上，必須還要有圓滿次第的修持，經由了解到圓滿次第的意義，所以生、圓雙運修持，最終所得到的結果，就是殊勝（出世間）的成就。

其實密乘的「生起次第」、「圓滿次第」跟顯乘的「止」、「觀」意思是一樣的。因為顯乘裡「止」的禪修，是幫助自心達到平靜，同樣地，密乘的「生起次第」的觀修，也是讓我們的心達到專一跟平靜的方法，兩者講得都是自心的平靜。

當你達到了「止」，或者「生起次第」果位的時候，就是一種成就。同樣地，顯乘的「觀」以及密乘的「圓滿次第」，這兩者最終的果位也是一樣的，但在修持的方式上，兩者則完全不同。

為什麼不同？以密乘來講，顯乘的道次第比較繁複，換句話說，是比較長的一條路，而密乘是一條捷徑，它是快速法。同樣的果位，但兩個抵達終點的方法卻是如此地不同！但這並不是重點，重點在於我們自己。我們選擇什麼樣的道路？如果修持密乘的人，卻不知道密乘重點到底在哪裡？那很抱歉，你所修的並不是解脫的快速道。

所以，把握關鍵跟要點很重要。尤其實修的時候，你要抓到關鍵跟要點，如果能夠掌握要點，你會發現它的用處非常大。如果修持時沒掌握要點，你會發現，你得花更多的時間在這上面，而且只會讓自己越修越累，累到最後，甚至不再相信這個方法了。

以密乘來講，「生起次第」是幫助我們達到一個共同的成就；顯乘的「止」的禪修，也是達到共同的成就；此外，像是外道的印度教的修持，達到的也是共同的成就。所以，如果從得到最終的成果上來講，「生起次第」也好，「止」的禪修也好，他們最後得到的都是共同的成就，你也不用再去爭論到底誰的方法好，還是不好，因為最終達到的境界都只是共同的成就。

佛教它殊勝的地方就是它有可以達到殊勝成就的方法！至於能不能得到殊勝成就的差別又在那裡？以顯乘來講，是有沒有做「觀」的修持；在密乘來講，就是有沒有進入到「圓滿次第」的修持❶。

密乘只皈依出世間的護法

講了這麼多，最主要是要解釋什麼叫世間的本尊、世間護法，或者出世間本尊、出世間的護法，如此，大家就可以很清楚「世間」跟「出世間」的分際與關鍵在哪裡。

在這裡有一個共稱的名詞，就是本尊，藏文叫「臘」。「臘」直譯成中文叫作「神」、「天神」。本尊或是「臘」，都可以分為「出世間」跟「世間」，這是一個共稱。也就是說，這些神都可以分為「出世間」跟「世間」兩大類，像護法、本尊，都包含在「臘」這個詞裡。

密乘的修持，我們會談到皈依的對象，也叫皈依境，分為外跟內兩種。外在的皈依境是佛、法、僧三寶；內在的皈依境，就是上師、本尊跟護法。所以，密乘不共的內在皈依當中，這些本尊與護法還有分「世間」跟「出世間」的差別。如果你不知道密乘有這樣的差別，很多時候會造成大問題。因為密乘有不共的內在皈依境，如果要成為我們能夠皈依的對象，

❶ 編注：顯乘與密乘獲得「世間成就」與「出世間成就」的修持方法

	世間成就（世間的護法）	出世間成就（出世間的護法）
顯乘	止的修持	觀的修持
密乘	生起次第	圓滿次第

這個皈依境內的護法就必須是出世間的護法，他不能是世間的護法。

這點很重要。因為皈依之後，會有皈依的學處，在皈依佛之後，我們不皈依外道的天神。所以，如果我們皈依了世間的天神，我們就違背了皈依佛的皈依學處。

如果我們不知道天神和護法有世間跟出世間的差別，那我們很有可能就會違背了皈依的學處。當然，要清楚分辨其間差別，實在不太容易，因為世間的護法太多了。譬如，中國佛教當中有所謂的山神、土地神等等，他們發誓說要護持佛教，所以他們也是護法，但他們都只是世間的護法。不同的傳承，不同的經典，都有不同的守護者，也有許多護法，更不用說在藏傳佛教裡就更多了。

所以，我們要先了解在皈依境當中的護法，他必須是出世間的護法，我們才能夠皈依他。不然我們不知道什麼是世間護法，什麼是出世間的護法，就這樣迷迷糊糊的皈依，這會違背我們皈依的學處，這也是一開始為什麼我要花這麼多時間去講解「世間成就」與「出世間成就」差別的原因。

暫時的利益或究竟成就？

一般而言，世間的護法能幫助我們得到眼前暫時的利益，這是每個人都喜歡的。很多人就把這些眼前暫時的利益，誤以為是最究竟、最殊勝的利益，但其實並不是，他只能幫助我們得到共同的成就而已。

你也不能說世間護法他們不好。在佛教當中，就有非常多的世間護法。不同的傳承，甚至某一些經典，也都有守護的世間護法。重要的是，你要清楚地瞭解到，透過世間神祇，只能讓我們得到一些暫時的利益，並不能得到長遠究竟的利益。

許多人有自己相應或者有緣的世間護法，你可能會因此作一些供養，然後得到一些幫助，因為，他也是神，也具備了共同的成就。但是，我們要注意，不要把他們當成是究竟的皈依處，因為如果把世間神祇當成是究竟的皈依處，我們就違背了皈依的學處。因此我們知道，世間的本尊或世間的護法，並不一定指的是其他宗教中的護法，只要是幫助我們得到共同的世間成就的本尊或護法，他都叫作世間的本尊跟護法。

談到「護法」兩字，很多人馬上聯想到長相可怕、恐怖的護法模樣。其實不一定，護法的相貌、衣著與佩戴物品雖不相同，但本質一樣。就好像一個國家有軍人及警察，他們穿著不同，責任、地位不同，但都是為了保護社稷及人民。就好像如果我們犯了法，一般人來到你面前，你可能不害怕，但如果來了個警察，你可能就慌了。

護法，主要就是守護教法、佛教的一個守護者。從個人的角度來說，能夠守護、幫助我們得到解脫的守護者，也可以叫護法。以上是對護法的分類做簡單的介紹，希望在最開始，能讓大家有一個概括性的了解。

第二章

從大惡到大善的旅程

一個壞傢伙，是如何得到殊勝成就，成為密乘的護法？
除了因緣，還有不可思議的勇氣⋯⋯

接下來的篇章，將敘述噶瑪噶舉的第一大護法——瑪哈嘎拉，他如何由一個壞事做盡的傢伙，到懺悔、發心實修，最後證得殊勝成就，成為密乘第一大護法的故事。藉此，大家可以更加明瞭，瑪哈嘎拉與噶瑪噶舉傳承的因緣，以及在歷代噶瑪巴中，曾顯現的勇猛護主事蹟。

以凡夫身，得大成就的勇者

瑪哈嘎拉，他有另一個名字——金剛黑袍護法。瑪哈嘎拉是梵文，「瑪哈」的意思就是「大」，「嘎拉」的意思是「黑色」，合起來就叫作「大黑」。中文翻譯為「大黑天」。光聽到這個名字就很恐怖，不僅顏色通黑，而且還是很大的黑。

到底他是什麼東西呢？

瑪哈嘎拉並不是一出生就是現在的瑪哈嘎拉！他一開始也只是個普通人、凡夫，跟我們一樣，充滿了很多的煩惱。所以，如果我們好好的修持，大家都有可能像瑪哈嘎拉一樣，成為「大黑天」的。他帶給我們的啟發是什麼呢？意思就是我們都可以以凡夫之身，得到殊勝的成就，一如「大黑天」——瑪哈嘎拉的轉變一樣。

我們在第一章時介紹了很多世間、出世間護法，所以講到瑪哈嘎拉，我們知道他是噶瑪噶舉的第一護法，一個出世間的天神。大黑天的「天」，就是梵語「臘」，也是「天神」的意思，所以大黑天是一個出世間的天神。

講到瑪哈嘎拉，他的故事可長了，而且滿有趣的。你可以用「瑪哈嘎拉，這個傢伙！」這樣稱呼他，因為當他還是凡夫的時候，幾乎做盡了所有的壞事。然而，這裡也顯示了一個自然法則與有趣的緣起——當時他是一位具備很大力量的人，最後他得到的也是一個大的殊勝成果。這裡的「大力」，是形容他是一位勇敢、有勇氣、敢做敢當的人。就像顯教當中，我們形容菩薩為勇者的道理一樣，如果不具備這樣的勇氣，無法成為一個菩薩。

瑪哈嘎拉護法，密乘獨有的修持

瑪哈嘎拉護法，是特別在密乘當中才有的修持與名稱，你不會在小乘或大乘的典籍中看到這樣的名稱。但我也要補充說明，雖然在小乘、大乘中沒有瑪哈嘎拉、大黑天的名稱或修持，但卻有相對應的大勇者的修持，只是沒有這樣的名稱。

在大乘或一般法乘中，一個勇者，也就是菩薩，他示現的樣子膚色是白色的，外貌調柔寂靜。但講到瑪哈嘎拉的外貌，他是通體黑色，示現在外的是忿怒的模樣。一般人看到他的樣子，很難馬上跟世俗上菩薩作連結。其實，不論是外貌調柔、慈祥微笑的寂靜尊，或是相貌凶狠，顏色通黑的忿怒尊，這兩者都是菩薩，本質上都是沒有分別的。

瑪哈嘎拉的「瑪哈」是「大」的意思，指偉大的力量。他為什麼會被稱作是大的力量呢？那是因為他可以幫助我們得到殊勝的成就，而要得到殊勝的成就，必須要具備大的力量。

瑪哈嘎拉護法，分五部族

其實瑪哈嘎拉「大黑天」是一個總體的名稱，大黑天護法分很多種不同的大黑天。譬如在藏傳佛教裡，不同的教派都有瑪哈嘎拉，但是指不同的護法。以噶舉來講，噶瑪噶舉的瑪哈嘎拉，指的就是金剛黑袍護法；在香巴噶舉或者格魯派裡，指的是六臂的瑪哈嘎拉；薩迦派裡的瑪哈嘎拉，指的是「骨給袞波」，這是另外一個瑪哈嘎拉護法；寧瑪派裡的瑪哈嘎拉稱做「馬寧護法」；在竹巴噶舉或者在巴絨噶舉的瑪哈嘎拉，指的是四臂的瑪哈嘎拉。

不論瑪哈嘎拉在藏傳佛法四大教派裡的稱呼為何，瑪哈嘎拉護法可以分為五個部族：

第一個部族：是代表「身」的瑪哈嘎拉，指的是四臂的瑪哈嘎拉。

第二個部族：是代表「語」的瑪哈嘎拉，例如薩迦派的「骨給袞波」。

第三個部族：指「意」的瑪哈嘎拉，也就是二臂的金剛黑袍護法。

第四個部族：稱為「功德」的瑪哈嘎拉，指的是六臂的瑪哈嘎拉。

第五個部族：是「事業」的瑪哈嘎拉，叫作「馬寧護法」。

五個部族的瑪哈嘎拉，在相貌、服飾、穿戴上都不一樣，但有一個共同點，都是黑色的。在五個部族當中，譬如二臂金剛黑袍護法，自己本身又可以再分為五個部族，也就是身、語、意、功德跟事業。其實這不難理解，就像每一個人本身都有五個部分，也就是我們都有身、語、意、事業及特殊的功德，也就是力量。

雖然五個部族都有共同的五部分，然而長相卻各有不同。首先身體長的不一樣，聲音也有好聽跟不好聽，並且各個心意都不同，每個人的事業、工作也都不同，能力也有差別。如果要五個部分都圓滿，是不容易的。首先要長得好看，聲音又要好聽，然後心要聰明，事業要做得很大，功德、力量也要很多。換句話說，不同的傳承，就會出現與該傳承福德、因緣形像相應的瑪哈嘎拉，所以才會有相貌上的不同。就像我們每個人長相各有不同，是一樣的道理。

一聽到瑪哈嘎拉這個名字，就要想到，他能夠幫助我們得到殊勝的成就。但是如何達到這樣的果位呢？自然的法則也是法性的力量是什麼？那就是你必須從當下的凡夫身開始修起。因為瑪哈嘎拉一開始也是凡夫。

故事是這樣開始的……

接下來要進入瑪哈嘎拉的故事了。噶瑪噶舉的瑪哈嘎拉，也就是二臂的大黑天，或者叫作金剛黑袍護法的故事源流，在2011年噶瑪巴九百年的慶典活動，法王噶瑪巴特別編撰了一本書，也就是我現在手上拿的這本書，當中記載了二臂瑪哈嘎拉的兩個故事，兩個傳承。

一個暴躁、傲慢的傢伙

第一個部分是講述瑪哈嘎拉在凡夫時，是一個什麼樣的人。他出生在釋迦牟尼佛前一尊佛的頂髻佛時代❷，當時他是一位瑜伽士，名叫「惹那」，這個瑜伽士不是佛教的瑜伽士，是當時印度的一種瑜伽修持者。後來他跟著頂髻佛出家，法名藏文叫「迭為闊洛」。藏文的「迭為」就是中文的「樂」；「闊洛」，就是中文的「輪」，所以中文叫「樂輪」。他當時長得皮膚黑黑的，脾氣很暴躁。但最後透過修持，他得到了共同的成就，所以出現了一些神通的徵兆，也就是他有神通，但因為還沒有得到殊勝的成就，這種神通都是有漏的，還帶著煩惱。

樂輪行者有了神通之後，變得非常的傲慢，甚至跑去跟頂髻佛比高下，看誰比較厲害。一番較量後，頂髻如來降伏了樂輪行者的我慢，同時也讓樂輪行者認清他的神通，原來只是得到共同的成就而已，還沒得到殊勝的成就。

於是樂輪行者之後去了印度的南方，在一處濃密的森林中，依止了梵天。梵天是什麼呢？他是世間的一個本尊，還不是出世間的本尊。樂輪行者來到森林，向著大梵天的像（所依）

❷ 編注：釋迦牟尼佛之前還有其他的佛降臨，例如：毗婆尸佛、頂髻佛、毗舍浮佛、拘留孫佛、迦葉佛等。

祈請，之後大梵天出現了。由於大梵天只是世間的天神，只能給樂輪行者共同的成就，這時大梵天就授記他說：「你將成為我的孩子，未來你會具備三個世間般的大力量。」

當大梵天對樂輪行者授記之後，頂髻佛馬上也知道，他之前的弟子樂輪已被大梵天授記、攝受了。這時候頂髻如來就去度化樂輪，要他懺悔。頂髻佛示現了一個比丘的相貌，來到樂輪的身邊，樂輪認出頂髻佛，就在頂髻如來之前作了懺悔，也作了祈請，這時頂髻如來就授記樂輪說：「經過多生多世之後，你的最後一生會投生為大梵天的孩子，就是忿怒黑天。」接著又授記他說：「之後，你會生起菩提心，當你生起菩提心後，你會成為未來的一尊佛，名叫解脫自在佛。」

在樂輪行者投生為梵天的兒子，但還未生起菩提心的這段期間，也就是只獲得共同成就的時期，就如同授記一般，他發生了一些事情。

阿修羅與天人開戰……

這裡提到，在天界，也就是三十三天上，有一棵如意樹，這棵樹的根部是在須彌山頂，但它的枝葉和果實，是長在三十三天，所以當時三十三天的天人們都受用著如意樹的果實。

我們常說，天人跟阿修羅在那裡一直打仗，最主要的原因是什麼呢？就是為了這棵如意樹。你可以想像那個景象，如意樹的果實被天人享用，而阿修羅就只能在樹根那裡癡癡地望著天人吃果實，自己卻享用不到。

那些阿修羅們心想，這樣實在不對，如意樹的根部明明是在我們這裡，但是果實卻是天人享用。因此阿修羅王帶著他所有的軍隊準備去攻打天界，當軍隊來到帝釋天的天宮前，阿修羅王向天人喊話：「這棵如意樹是我們共有的，但是只有你們天人獨享果實，這樣是不行的。」天人當然不願共享，於是回答：「我們就是有福氣，這棵樹會長這樣的果實，所以我們能享用。如果這棵樹給了你們，就算果實長在你們家裡，若你們沒有福氣，樹也會枯掉，因此不用爭吵。」

雙方就這樣各執己見，完全談不攏。阿修羅後來決定要開戰。其實天人一點也不會打仗，因為他們生活太安逸，總覺得自己有福氣，傲慢的很，也沒學過怎麼打仗。但阿修羅就不一樣了！他們由於煩惱、嫉妒的習性使然，對於爭吵、爭鬥，甚至戰爭很厲害，所以他們很會打仗。在戰爭中，天人如果被射了一箭就死了，但阿修羅卻不是。他們人數本來就非常多，而且有一個特質，就是阿修羅即使被箭射中流了血，血又可以變幻出更多的阿修羅軍隊，所以他們是越打越多。

眼看局勢不妙，天人快輸了，這時金剛手菩薩出現。金剛手菩薩知道天人即將輸掉這場戰爭，於是從金剛手菩薩的心間放射出深黑色的「吽」字，射到了天神之王的眉間，接著，天神之王的眉間竟腫起一顆肉瘤，小瘤越腫越大，最後破出了一位全身鮮藍色的漂亮仙女，名字叫「烏瑪迭娃」。

如果你了解印度教，會聽過印度教最主要的天神是大自在天，而最偉大的女性天神叫做烏瑪迭娃。因為烏瑪迭娃實在長得太漂亮了，所以當她一出現的時候，所有在場的天人心中都起了一個念頭：我一定要娶她為妻。每個人都想要得到她。

就在這個當下，金剛手菩薩說了一段授記：「烏瑪迭娃是為了要消除阿修羅與天人間的戰爭才出現的。這位烏瑪迭娃，應該要歸屬於大自在天。」這一個授記的意思是說，如果烏瑪迭娃不能成為大自在天的妻子，那麼天人與阿修羅的戰爭將無法被平息。

第三章

懺罪修心，證佛果

從殺戮、平息爭戰，到利益眾生，皈依三寶後的瑪哈嘎拉，
展現無比大悲心。

在金剛手菩薩授記烏瑪迭娃之後，故事的場景來到須彌山的南方，也就是我們居住的南瞻部洲地方。在這個地方有一個讓人非常害怕、恐怖的墳場。為什麼說這是個令人恐懼跟害怕的墳場？因為墳場位在茂密、無人居住的森林當中，森林中有各種猛獸和毒蟲。

轉殺戮為大力、大勇的旅程

這個地方住有名叫喇迦哈里的羅剎鬼王，他是非人阿修羅，具備各種的神通。他的妻子被他從四大天王的國土中搶奪過來。當羅剎王的妻子懷孕不久後，羅剎王死了，恐怖的墳場裡就只有羅剎王的妻子與剛出生的男孩。母子感情很好，母

親很疼愛孩子，給他穿戴珍寶，也把所有最好的衣服都給他，兩人主要靠森林中河流，捕魚為生。

羅剎子得化身神通的灌頂

隨著年紀的增長，孩子長大了，生得十分莊嚴，孔武有力。他問媽媽說：「爸爸在哪裡？」於是媽媽跟孩子說了過往的故事，包括在懷他的時候父親就死了這件事。這個孩子很特別，大概是過去生就帶有神通的關係❸，有一天他跟媽媽說：「我們不能一輩子待在墳場，應該要離開這裡，去墳場南方一座叫倫波帕拔的聖山。」羅剎王的孩子跟媽媽形容說，在那座山裡有一位比丘，是文殊菩薩的化身，他白天會進入甚深的禪定，晚上會有空行母的薈供，所以應該要到這樣的聖地去。

母子倆於是動身到了山上，見到了比丘。羅剎王的妻子獻上所有珍寶做供養、禮拜，同時也向比丘說明自己過去所有的經歷，請求比丘攝受、帶領他們這對母子。比丘當下把手放在母親（羅剎王妻子）的頭上，給予神通的灌頂，母親當下就現證法性無生，證悟般若波羅蜜空性的義理。

❸ 譯注：根據原著所指的，是一種有漏的神通。

接著比丘給予男孩化身神通的灌頂。孩子得到這個灌頂之後，身體能夠做出各種變化，例如，同時可以變出很多隻手、很多隻腳，而且他的腳很有力氣，只要用力往地上一踩，大地幾乎被他翻轉了過來。

從此，母子倆人就跟著比丘上師，在山裡墳場住了下來，墳場裡的許多空行母也都來供養他們三人。

比丘上師後來又給予羅剎的孩子秘密的灌頂，同時給他「嘎滇巴渥・祖出措巴」的法名，當所有空行母知道後，也前來向羅剎子做薈供及供養。不久，比丘上師圓寂，到了空行剎土去，同時，羅剎子的母親也圓寂。羅剎子順理成章地成了這地方的新主人。

帝釋天以美人計，拉攏羅剎子

羅剎子的大神通力很快就被帝釋天知道了。帝釋天知道日後羅剎子將會平息天人與阿修羅的戰爭，於是想把他收歸旗下。帝釋天想了一個妙計，派美女烏瑪迭娃去迎請羅剎子過來。

之前，金剛手菩薩曾授記，烏瑪迭娃將會成為大自在天的妻子，天人與阿修羅的戰爭才有辦法平息。授記中的大自在天，就是這裡的羅剎子。

烏瑪迭娃來到墳場，一見到羅剎子，便對他禮拜說：「帝釋天派我來，要迎請你到三十三天。」羅剎子身邊的空行眷屬眾不願讓羅剎子就這樣離開，於是，有一天，烏瑪迭娃趁所有空行母都不在的時候，供養了很多東西給羅剎子，羅剎子看到烏瑪迭娃的美貌，一時心動，起了貪念，兩人結為連理。

之後烏瑪迭娃生了一對龍鳳胎。男生取名列滇拿波，女孩名叫嫤鳩瑪。羅剎子與烏瑪迭娃為了要照顧、餵養小孩，到處找東西吃，包括蔥、蒜、肉、魚、骨頭等東西。對天人來說，是不可以受用這些東西的，但是迫於墳場的環境，烏瑪迭娃破了天人的戒律，吃下這些東西。

帝釋天原本是派烏瑪迭娃去攏賂羅剎子到三十三天的，但沒想到，非旦沒把羅剎子請來，還留了下來，生了兩個小孩。就在烏瑪迭娃待在南瞻部洲與羅剎子生養小孩的日子，非人趁機在三十三天的附近蓋了一棟堅固無比、難被摧毀的房子。

琶琵傳音，傳喚羅剎子備戰

帝釋天等到受不了，拿起琵琶彈了起來❹。琵琶的聲音傳到烏瑪迭娃的耳中，喚醒烏瑪迭娃的記憶。烏瑪迭娃聽到帝釋天

❹ 譯注：根據校長的說法，天人是以音頻溝通。彈琵琶，情況大概有點類似我們用手機電訊傳話。

對她說話：「妳在幹嘛？我派妳去把羅剎子迎接回來，妳怎麼就在那裡當媽媽了？」琵琶聲持續彈著，帝釋天說：「快回來吧，我們已經快打敗仗了！」

這時，烏瑪迭娃才清醒過來，趕快跟羅剎子說：「我們要跟阿修羅打戰了，要趕快回到天界去！」羅剎子也同意，於是烏瑪迭娃彈琵琶回應帝釋天說：「我們夫妻倆人，七天後會到。」於是帝釋天帶著所有的眷屬眾，乘馬車來到了倫波帕拔的聖山墳場，趁白天空行母出去工作的時候，把羅剎子一家四口全接回三十三天。

羅剎子一家人來到三十三天，在宮殿中接受所有天人的禮拜和供養。帝釋天冊封羅剎子的兩個孩子，列滇拿波與女兒嬞鳩瑪為將軍。冊封後，帝釋天賜給兩人武器，包括一把用旃檀❺製成的旃檀劍，派他們領軍去和阿修羅作戰。

羅剎子的兒子列滇拿波，大敗阿修羅

列滇拿波是瑪哈嘎拉最原始的第一位❻，旃檀劍這種武器只有列滇拿波可以拿，這把他專屬的三角錐型武器，在錐型的三個尖端各有三個門，每一個門裡都藏有天人的軍隊。當列滇

❺ 編注：即檀香。梵語 Candana 的音譯，又稱為旃檀或栴檀。

❻ 編注：瑪哈嘎拉「大黑天」是一個總體的名稱，大黑天護法其實還分很多種不同的大黑天，但最原始，也是第一個瑪哈嘎拉的，就是準備領軍去跟非人阿修羅打仗的羅剎子之子——列滇拿波。

拿波迎戰的時候，他只要揮舞這九門神器，所有軍隊裡的天人就會從武器中變身出來，化為數萬大軍，攻敵殺掠。

於是，兄妹兩人率領兩萬一千名天人部隊，迎戰阿修羅。結果非人大敗！倉惶之間全逃到牢不可破的碉堡裡，躲了起來。之後，天人不論怎麼攻打，就是無法攻下這個碉堡。

為什麼阿修羅們有本事可以建造一棟牢不可破的碉堡呢？故事中記載，那是因為阿修羅得到一位名叫「遍入天」的天人幫忙，他以一種咒力跟加持力，讓房子變得牢不可破、難以摧毀。

這時列滇拿波跑去向父親羅剎子求救：「怎麼辦？要怎麼做，才能把這房子毀了？」父親教他破解的訣竅，他告訴列滇拿波得去找到三樣東西，將其合而一。這三樣東西分別是：海邊的金剛鑽，結合海上的泡泡，同時再加上木炭，三者合一，就可以把非人所蓋的房子破壞掉❼。

列滇拿波聽了，很開心地說：「我在七天之內，一定要把房子摧毀掉！」結果他果然成功的找到祕方中的三樣東西，但是當他把炸彈往碉堡一丟，沒想到炸彈只炸毀了房子一小塊

---

❼ 編注：這個破解祕方，就好像做炸彈的原料，把這三樣東西放在一起，就能產生破壞的力量。

角落，房子還是沒毀。

列滇拿波望著受損的牆角，不甘示弱地向非人喊話：「我只是試投看看而已。」他說：「如果我丟出真的炸彈來，七天內一定會把房子毀掉的！」

這時站在非人隊伍中的遍入天，看見列滇拿波將軍的武器不怎樣，他自恃自己手邊還有更厲害的武器，想先下手為強，於是便對列滇拿波喊話說：「讓我先跟你打一仗再說。」

智破碉堡，挽救天人危機

遍入天有信心可以打敗列滇拿波將軍，因為遍入天擁有具威神力的五種武器。這五種武器，第一種叫「心想事成」的劍，這個劍，只要憑著意念，就可以揮舞它斬除一切。第二個武器叫飛輪，這個輪盤只要一丟出去，所有東西都會被剷平。第三個武器是海螺，只要它的聲音響起，即可傳遍三界。第四個是必死無疑的箭。第五個是矛。

遍入天對自己很有有信心，他認為列滇拿波只憑旃檀劍武器，根本贏不過他。於是遍入天就單槍匹馬，帶著五個神器去跟列滇拿波會戰。去之前，他特別交待非人阿修羅說：「如果我輸了，會吹三次海螺，到時，你們就把房子給毀了！我們寧可自己毀掉它，也別讓天人來摧毀我們的碉堡。」

列滇拿波也不是省油的燈，他早就知道遍入天會帶著五種寶貝武器前來會戰，於是列滇拿波事先想好了智取敵人的方法。他把自己變成又聾又瞎的老太婆，在遍入天必經之路等著他，那是一個兩邊都為峭壁岩石，只能容一人轉身的地方。

遍入天走著，走著，在峭壁山路碰到老太婆。他對老太婆說：「喂，你趕快讓開，不要擋我的路！」
老太婆反問遍入天：「你是誰？」
遍入天說：「我是遍入天！」遍入天聽到老太婆的問題，心裡很不爽：「三界中怎麼有人沒聽過我遍入天的名字呢？」他很不開心。
老太婆又問：「你真的是那個遍入天嗎？真的遍入天有五種武器，如果你是的話，就拿出來看看呀！妳真的有嗎？」
遍入天說：「當然有啊！」
老太婆問遍入天說：「你不是有個海螺嗎？」「有啊！」「有海螺的話就拿出來吹呀！」

遍入天聽話的吹了！老太婆覺得他吹得不夠響，要他再吹大聲一點。遍入天生氣了！心想，這麼大聲的海螺妳還聽不到，於是吹得更大聲。

這時老太婆搖頭說：「你不是真的遍入天！遍入天吹的海螺聲音可大了！妳不是遍入天！」遍入天氣極了，於是他使盡吃奶的力氣，再吹一次。就在他連吹三次海螺之後，老太婆消失不見了。

遍入天這才發覺自己上當了。他飛奔趕回堅固的碉堡，卻發現房子已被自己人給毀了！那是因為他之前曾交待非人阿修羅，如果他打輸了，會吹三次海螺示警。沒了碉堡的非人因為沒有地方可躲，於是求助龍族，寄居在海底。

當初金剛手菩薩曾授記，烏瑪迭娃若能成為大自在天的妻子，就能降服非人與天人的戰爭。事情也真的如同金剛手菩薩的授記般實現了，烏瑪迭娃和羅剎子（即大自在天）生下的孩子列滇拿波，運用智慧把非人剷除，挽救天人被滅絕的危機。

戰勝後的列滇拿波返回三十三天，帶著父母親、妹妹，向帝釋天及所有的天人作了廣大酬謝的供養。

第四章

發心實修，大轉變

我們都可以凡夫之身，轉忿怒為大能大力。一如殺戮無數，
但因一念猛烈菩提心而得成就的列滇拿波。

忿怒相的勇猛菩薩

擊退非人後的列滇拿波與妹妹嫿鳩瑪回到三十三天宮殿裡生活著，但是這對兄妹還是無法習慣天界的飲食，忘不了有蔥、有蒜，還有肉、骨頭的生活。有一天，兄妹倆人趁機逃回當年出生長大的墳場，那些當年曾照顧、供養過列滇拿波的空行母們，見到主人回來了，非常高興，如過往般繼續照顧兩兄妹。

天人們對列滇拿波兄妹也很思念，不時地以琵琶琴音對話。最後，列滇拿波兄妹們決定在每月初一、十五回天界去，平時的日子，則在墳場度過。

妹妹孃鳩瑪特別喜歡腐敗血肉的味道。有一天她循著這個味道，一路走到了羅剎國裡去，見到了十個頭的羅剎王❽。羅剎國王拿了一杯屍血給妹妹喝，不知情的妹妹喝下之後睡著了。羅剎王趁妹妹昏睡過去的時候，用鐵鍊栓住她的腳，強迫她留下做他的老婆。

無可奈何的妹妹只能留在羅剎國等待機會。羅剎王有五百個孩子，這五百個羅剎子，白天都躲在樹蔭下或躲在木頭陰暗的地方，到了晚上才出來。有一天，孃鳩瑪趁羅剎王出去工作，拿了他的劍，砍斷腳鍊，騎著羅剎王的驢子，逃回哥哥身邊。

羅剎王發現妹妹逃跑之後，便化身為一頭牛，一路跟在孃鳩瑪後面追著。當羅剎王追到墳場，碰到了哥哥列滇拿波，這時羅剎王拿出他的祕密武器——一隻叫做「土寶」的老鼠❾。當羅剎王把他的祕密武器丟出去，要攻擊她的哥哥時，沒想到老鼠的頭竟然被劍給斬斷了。妹妹孃鳩瑪趁這個機會，將偷來的劍交給哥哥，列滇拿波當下一揮，羅剎王的頭旋即被自己的劍給砍斷了。

這對兄妹把羅剎王解決掉之後，還跑回羅剎國土的地方，把

---

❽ 編注：在印度，偶爾都還可以看到這樣的神像，他是印度教的大護法。

❾ 編注：就像藏傳黃財神手中所握的吐寶鼠。

整個羅剎城給鏟平。之後兄妹回到墳場，再度接受空行母們的供養。其實在印度，可以很普遍地看到畫有列滇拿波兄妹倆，砍下羅剎王頭的圖。這是一段很有印度文化風味的神話故事。

兄妹倆人在墳場住了很長一段時間之後，漸漸地食物就快要吃完，沒有東西可以吃了。因此兄妹倆人開始到墳場外面去找尋食物，於是就由山上逐漸往山下的印度村內移動。因為兄妹倆身上帶著一種不好的氣，當他們越往印度村落靠近，當地就開始發生各種瘟疫傳染病，生病的人越來越多。

佛陀幻化大白傘蓋佛母，調伏兩兄妹

這時印度各地開始蔓延著莫名的傳染病。當時釋迦牟尼佛還在世的時候，印度有一個地區的國王叫作昌經王，他知道釋迦牟尼佛正在靈鳩山說法，於是國王跑去靈鳩山請示釋迦牟尼佛說：「為什麼我們印度國境內會發生各種的流行病？請問要怎麼消除這種疾病呢？」

釋迦牟尼佛用神通把兩兄妹勾招過來。但要降伏這兩兄妹也不是簡單的事，因為他們已經得到世間共同的成就，所以也具備有天神的神通力。佛陀為了避免正面衝突，想了一個善巧的辦法。他沒有用他的口直接說出來，而是從他的頂髻直接變幻出大白傘蓋佛母。因為是從佛陀的頂髻變幻出來的，所以大白傘蓋佛母又稱作頂髻佛母。大白傘蓋佛母有千手、千眼、千隻腳。頂髻佛母直接用咒聲，降伏了兄妹倆人。

我們知道，佛經有幾種不同的來源方式：一種是佛陀親口所說的經典；一種是佛陀加持某個人而說出來的經典。還有一種是佛陀授記某人而說的經典。這裡大白傘蓋佛母所說出來的咒音，可以說是佛陀加持了大白傘蓋佛母而說出了那樣的咒音，可以說是上述的第二種方式。

大白傘蓋佛母說了什麼呢？就是大白傘蓋佛母的心咒。佛陀加持了大白傘蓋佛母而說了這樣的咒語，因為大白傘蓋佛母的咒語令兄妹倆聽見，內心生起深深的恐懼和害怕，想找人有所皈依，兄妹倆人找到了釋迦牟尼佛，最後也皈依了佛陀。

故事還沒完，妳可能會問：當時化現出來的大白傘蓋佛母，之後跑那兒去了？答案是大白傘蓋佛母又回到了佛陀頂髻當中去了。

這一段大白傘蓋佛母的化現，其實是有意義的。我們常說，要幫助別人、利益眾生，但要做到這點，需要具備很多善巧的方法。像佛陀在面對列滇拿波兄妹兩人時，他知道如果透過他的口來勸說一些話，是沒有辦法調伏兩兄妹的，於是佛陀就藉由大白傘蓋佛母的口，透過咒語的力量，反而可以順利地調伏他們。

我們可以從這段故事當中，去想一想：利益眾生的辦法有哪些？其實是很多的。如果當時的場景，是佛陀直接來到兄妹兩人面前，開始初轉法輪，然後直接就開示說：「苦啊！集啊！滅、道…」等等的話，相信他們兩個是絕對聽不進去的。

又或者當時換一個場景，佛陀直接來到兩兄妹面前，直接對他們說大乘的金剛經心法，說：「無眼、耳、鼻、舌、身、意，無色、身、香、味、觸法…」他們兩位大概也聽不進去。

當時佛陀知道，直接說任何話，都比不上示現某種忿怒相及咒音的善巧有效，所以佛陀以大悲心，從頂髻變幻出一位千手、千眼、千腳的大白傘蓋佛母，透過他來幫助對方。這就是一種善巧、方便，是我們應該要知道，同時也可以去學習的。

你們看，這兩兄妹真的不是簡單的人物！連位居三十三天之首的帝釋天，都沒辦法可以將阿修羅打敗，這兩兄妹卻有這種世間的大力量，能夠擊敗阿修羅。那麼，又是誰，比列滇拿波兄妹兩人還要更厲害，能夠降伏他們呢？那就是大白傘蓋佛母了。

由藏文翻譯過來的《大白傘蓋佛母經》，一開始有段對大白傘蓋佛母的禮讚文，讚文裡面記載著這段故事，首先就提到哥哥——列滇拿波的名字。接著再以一段文字形容說，能摧毀堅固房子者，也就是那個由遍入天為阿修羅所建築的房子，就是被列滇拿波所摧毀的。這樣一個堅固難毀的房子並不是被大白傘蓋佛母給摧壞的，而是被列滇拿波毀壞的。

讚文中接下來又以一段文字形容兄妹倆住在墳場的情景，提到他們被空行母所圍繞供養。接下來再以文字敘述這樣一個住在墳場，又能摧毀堅固房子的厲害兄妹，連他們都要禮敬的對象就是大白傘蓋佛母。這是一個可以對大白傘蓋佛母升起無比信心的禮讚文。日後當我們有緣念誦到這段禮讚文時，藉由這段故事的發生，相信可以生起更大的信心。

列滇拿波：瑪哈嘎拉護法的前身

兄妹兩人皈依了佛陀的這個緣起，可以說是兩人初發菩提心的開始。兩兄妹皈依後，也跟釋迦牟尼佛發誓，要將身、語、意都供養佛陀，並答應佛陀，要他們倆去做什麼，他們都會去做。

列滇拿波和嫞鳩瑪兩兄妹從皈依佛陀那一刻開始，成了佛弟子，而且也是護法的開始。他們不只是守護佛教，也會守護所有發心要得到解脫佛果的每一個修行人。

從這裡我們可以知道，現在我們所看到各種不同外形或名稱的瑪哈嘎拉護法，他最開始的「第一人」是誰呢？就是這故事裡的列滇拿波。換句話說，列滇拿波是大黑天護法裡最主要一開始的那個人。從他之後，又變幻出身、語、意、功德、事業不同功德的瑪哈嘎拉出現。

包含前面三章與這裡所介紹的這一段故事，就是嗎哈嘎拉——黑袍護法在還是凡夫之人時發生的事情。這樣一個過程，記載著他具備了世間共同的成就神通，還有當時許多英勇的事蹟，直到被佛陀攝授、皈依、誓言守護佛法及修持佛法的人。從他皈依佛法那時起，列滇拿波也從原本已有的世間成就果位，再更上一層成為出世間的護法，他之後也精進修持，證悟了萬法的實相。從那時後起，列滇拿波就叫做智慧的護法，出世間的護法。

這也是為甚麼我們在修瑪哈嘎拉法儀軌的時候，其中有一句話說「唯一的父親列滇拿波」，意思也就是說，唯一為父的，如同父親一般的，就是列滇拿波。

列滇拿波全身的皮膚是黑色的，臉上的表情露出忿怒的模樣。

他的穿著就是當初帝釋天冊封他為將軍，帶領所有天人們去與阿修羅應戰的將軍服。手上拿著的是一個三角錐樣的武器。

證悟實相的大黑天，將成未來佛

當時，佛陀曾對列滇拿波授記說：「你未來會保護佛教，而且也會守護所有想要修持佛法的行者，最終你會成就圓滿的佛果。你的名字將來叫做解脫自在佛（遍導一切得到自在的如來）。」我們現在只是第四尊佛的時代，第五尊佛是彌勒佛，第六尊佛是獅子佛，未來還會有千佛出世。所以，這裡提到的解脫自在佛，應該是在後面的某一尊佛。

聽到曾幹盡壞事的列滇拿波，未來也會是某一尊佛的授記，那麼，沒有比他更壞的你，為什麼不行呢？如果從前面三章一路看到這兒，聽到列滇拿波這個人的一長串故事，會覺得這種傢伙怎麼會成佛呢？

我們捫心自問，真的沒有像他那麼壞的，更沒有像他那樣具備強大的破壞力量，所以我們只要透過積聚資糧，好好的修持，是可以成佛的，而且我們也不需要麻煩佛陀從頂髻變出一個大白傘蓋佛母來調伏我們。

大白傘蓋佛母在漢傳佛教中，是一位很普遍被大家所熟悉的佛，所以我們知道有這樣一段歷史故事。如果有人問說：「為什麼你要念大白傘蓋佛母心咒？到底這個心咒，有甚麼利益呢？」如果你回答說：「誰知道！我就是跟著一起念嘛！」那麼你就不了解這心咒背後曾有著這麼一段有趣的故事。

這也告訴了我們，不明白咒語背後真正的利益，而傻傻地念咒，是沒有太大效用的！現在我們已經知道瑪哈嘎拉有這樣一段故事，你也知道原來大白傘蓋佛母的咒語是這麼地有力量！他真的可以降伏難以調伏的兩兄妹，甚至是連佛陀都沒辦法直接透過說法，來幫助他們的力量，大白傘蓋佛母卻具備了。知道了之後，大家向大白傘蓋佛母祈請，或是念誦他的咒語，或是幫他人一起來念誦，利益他人，會更有力量！

從大錯誤中懺悔，得大力量

如果不是透過這些歷史故事，去深入了解瑪哈嘎拉的過去，我們很難知道，原來這麼恐怖的面孔之下，有一段不為人知的過去。包括過去他犯下了很大的罪孽，然而，也因為具備了大勇氣和大力量，才能從大錯誤中，懺悔、轉變、實修，證得解脫。所以，不要害怕有過錯，它本身即深具力量。當你能更深刻地了解到瑪哈嘎拉護法的力量時，就不會像一般人在見到瑪哈嘎拉的模樣時，覺得恐怖、可怕，或不知道這位護法是在作什麼的。

有一段出自續典，讚頌瑪哈嘎拉的偈文形容，瑪哈嘎拉花了很多劫的時間，認真做了廣大的修持，他以大悲心化現出能夠利益眾生的身形，來守護佛法。這樣一個勇猛的菩薩，用這種強而有力的聲音去調伏難以調伏的眾生。偈文也告訴我們，如何善巧幫助別人。當和顏悅色不起任何作用時，這時你就要示現忿怒相，才能調伏難以調伏的眾生。

佛陀曾說，菩薩若要利益眾生，要具備大悲善巧。就好像金剛手菩薩也有寂靜相與忿怒相。為什麼菩薩要示現不同的相貌？因為需要幫助的眾生不同，所示現的樣貌也有不同。

金剛手菩薩示現忿怒相是要幫助甚麼樣的人呢？當時佛陀在舍衛城，靠近瓦拉納西旁邊的城中，有六種外道要顯神通傷害佛陀。當時沒有人可以降伏那樣的外道，原本是寂靜相的金剛手菩薩最後示現出忿怒相，他一手拿著繩索，一手拿著金剛杵，面露忿怒地把外道降伏了。當時佛陀沒有辦法透過親說開示來調伏這六種外道，於是他以心意，變幻出金剛手菩薩的忿怒相來降伏外道。

透過這個故事，我們了解到，忿怒相是為了要幫助那些寂靜相無法調伏的眾生，也是一種慈悲的示現。因此無論寂靜相也好，忿怒相也好，我們要看到的是相貌背後的根本，他的心念是什麼，也就是菩薩的心願，是一個大悲心，想要利益眾生才有的示現。

由故事中堅定自己，生起信心

列演拿波成為瑪哈嘎拉後的事蹟說到這裡為止。大家可能會很疑惑，不是來聽第一護法的教授嗎？怎麼講了半天都是打來打去的故事。

真實的信心和真實的恭敬心，是透過我們對所修持的法門有完整地瞭解跟認知所生起的。能不能夠有好的認知來生起信心，則依靠架構良好的故事來告訴我們來龍去脈，透過這個故事完整的敘述，我們知道有關瑪哈嘎拉他是如何活出內在英雄的整個前因後果，瞭解原來瑪哈嘎拉是如何從一個大惡人轉變為佛法的大護法，我們才會比較容易對法生起信心。

依此瞭解所生起的信心也才有可能會越來越穩固、堅定。換句話說，無論你依止哪一位上師或哪一個本尊、護法，修一個法門，你都要對這個法的故事歷史、源流有完整透徹地瞭解。為了要讓大家對瑪哈嘎拉生起信心，我們必須要知道他的故事。所有關於列演拿波如何皈依、發心實修，到轉變為大護法的歷史故事就簡單地說到這裡。

釋論

第二部，當黑寶冠遇上黑袍護法

與噶瑪巴結下不可思議的緣分

第一章

瑪哈嘎拉的傳承與開展

列滇拿波皈依佛陀之後，被稱為噶舉「第一大護法」，
他的傳承是如何開展到現在？

瑪哈嘎拉在還沒有皈依佛陀、得到出世間禪定果位之前，他在世間的這段英雄之旅，所展現的只是一位名為列滇拿波凡夫的共同成就，其大神力其實還未超脫六道輪迴。直到佛陀攝受他，列滇拿波懺悔、發下誓言，努力實修，這才正式進入「道次第」的修持，最後以「瑪哈嘎拉」之名，得到出世間禪定的殊勝成就。

之前曾談到過，要得到共同成就的方法是什麼？就顯教來說，就是當「止」的禪修已到一種很穩定狀態的時候；在密乘來講，則是「生起次第」的修持非常穩固。釋迦牟尼佛當年在六年苦行的時候，他只是得到世間的禪定，那時還沒有得到出世間的禪定。佛陀是在到了菩提迦耶，在菩提樹下，成就了正

等正覺之後，才得到殊勝的成就。

同樣地，列滇拿波雖然一開始就具備了共同的成就，但當他皈依了佛陀之後，在佛陀跟前誓言要守護佛教，並且藉著不斷地修持，最後得以擁有今天殊勝的成就，成為佛教的第一大護法——瑪哈嘎拉。

這裡，我們看到不可思議的大轉變：列滇拿波的發心與誓言，所產生的大力量。因為他的誓言，瑪哈嘎拉成為守護佛教的一位護法；也成為每一個想要成就佛道行者的助緣、守護者。

第一護法——瑪哈嘎拉

皈依佛陀的列滇拿波，他在成為瑪哈嘎拉之後，又是如何開展其傳承到現在的？

列滇拿波有個妹妹，妹妹在皈依並證得果位時的名字叫巴滇拉嫫，翻譯成中文就是「吉祥天女」，也叫做「瑪哈嘎里」。梵文「瑪哈嘎拉」的「拉」，意思代表是男性，「瑪哈嘎里」的「里」是指天女。哥哥叫做瑪哈嘎拉，妹妹就叫瑪哈嘎里，吉祥天女。當我們在念誦儀軌的時候，常常會念到這兩個梵文，一個是瑪哈嘎拉，一個是瑪哈嘎里，指的就是兄妹倆。

佛陀住世的時候，修行者有分小乘、大乘和金剛乘的行者。佛弟子們有各自修習的法門，也有各自的灌頂、口傳與口訣，不像現在，所有的教法都混和在一起。而且當時金剛乘的法教都被空行們所守護、隱藏，不像現在這樣，密法四處可見。

密法被開始傳揚開來的時間，大約是在佛陀圓寂之後的 450 年左右，在龍樹菩薩的時代，很多隱藏的典籍慢慢被拿了出來，大乘還有金剛乘的教法開始廣大的弘揚。

護法續典的來源

提到護法瑪哈嘎拉，我們得先提及龍樹菩薩以及在他那個時代的佛教背景。龍樹菩薩的角色在這裡之所以有這麼重要，主要是龍樹菩薩的佛法時代，他將當時散落在各地的護法典籍、修持儀軌等彙整起來，歸納整理成《四部護法續典》，對後來護法續典的發展有很大貢獻的緣故。

龍樹菩薩最主要的根本上師是印度當時 84 位大成就者之一的薩惹哈大師，他也是修持密乘得到殊勝成就的一位行者。龍樹菩薩的密法及大乘法教的傳承，都是得自薩惹哈大師；甚至小乘的別解脫戒⑩，也都得自於薩惹哈大師。

⑩ 編注：在這裡指比丘戒、比丘尼戒、沙彌戒、沙彌尼戒。

歷史裡面記載，龍樹菩薩非常長壽，活了600歲，有「第二世尊」的美譽。正因為他的長壽，所以在他一生當中，可以不斷地將佛法廣大弘揚，歷史形容他的地位如同第二尊佛般的重要。

龍樹菩薩出世前，各種的教法續典和經典，散落各地，也被不同地方的修持者持有。當時護法的續典在哪裡？或是哪一部才是護法的續典，由誰來保護這些續典，誰都不清楚。

龍樹菩薩在南印度吉祥山的地方住了很長一段時間。吉祥山是一座如同黃金顏色般的山巖，山上有一座水晶塔，近海的附近有一個叫「善法雲」⓫的地方，龍樹菩薩當時就在這個地方展開他彙整續典的工作。後來傳揚、發掘出來的所有續典，都是由這個地方流傳出來的。

當時龍樹菩薩四處尋訪散居在各地的護法修持儀軌，並將它們全部彙集統整起來，大概有108部，歸納成為四部護法儀軌：

第一部：瑪哈嘎拉手上拿的稱作「鉼」⓬的兵器（藏文念BINP），即帝釋天賜給列滇拿波作戰時用的三角形三門武器。

第二部：是「金剛黑袍」，二臂瑪哈嘎拉右手所拿的彎刀兵

⓫ 譯注：「善法雲」是梵文，翻成藏文之後再翻成中文的意思就是善法。在這裡指這個縣或地方名稱叫做善法雲。

⓬ 編注：鉼又稱金鈑，是餅狀的金屬板。爾雅・釋器：「鉼金謂之鈑」。

器「鉞刀」。

第三部：是「四臂護法」，瑪哈嘎拉示現四臂的形象。

第四部：是「六臂護法」，瑪哈嘎拉示現六臂的形象。

當時龍樹菩薩將所有瑪哈嘎拉的續典歸類在這四部當中。之後印度最主要的兩大佛教學府——那爛陀佛學院與超戒寺，所修持的就是這四部的瑪哈嘎拉儀軌。

西藏瑪哈嘎拉的傳承

講到西藏瑪哈嘎拉的傳承，先談前弘期的藏傳佛教。前弘期的代表人物有蓮花生大士、赤松德贊王，還有靜命⓭（也稱作寂護）論師，合稱師君三尊的時代。那時候，四部瑪哈嘎拉的前兩部已經傳入藏地了。後面兩部「四臂」與「六臂」的瑪哈嘎拉續典，則是在後弘期的佛教時代才傳入的。

所謂「前弘期佛教」、「後弘期佛教」的說法，只有見於西藏佛教史，在印度的佛教史中並沒有所謂的前弘期、後弘期。這是因為藏傳佛教在赤松德贊王的前弘期時代，曾廣為弘揚了好幾世紀，但之後碰到滅佛將近80年的時間，爾後，佛法才又再度漸漸興盛，這一時期稱為「後弘期佛教」⓮。

⓭ 編注：寂護（梵語 Śāntaraksita）又譯為靜命論師。藏人稱為希瓦措或菩提薩埵。是八世紀時印度佛教的僧侶，那爛陀佛學院的學者。他將印度佛教傳入西藏，建立了最初的藏傳佛教僧團，與蓮花生大士、赤松德贊同是西藏前弘期佛教重要的奠基者。

⓮ 編注：藏傳佛法分前弘期與後弘期。前弘期約從西元 840 年起的 120 年，其後經朗達瑪王滅佛，朗達瑪王死後，西元 978 年佛法在藏地再度復興，進入後弘期。此一時期有寧瑪、噶舉、噶當、薩迦、格魯等教派傳承崛起，也在此一時期逐漸成形。

噶瑪噶舉傳承裡的瑪哈嘎拉，屬於四部瑪哈嘎拉傳承中的第二部「金剛黑袍」，是手執鉞刀法器的二臂瑪哈嘎拉。當我們講到噶舉的瑪哈嘎拉傳承時，也是依著這四部當中的第二部，也就是鉞刀的瑪哈嘎拉傳承作解說。

三種金剛黑袍護法

第二部「金剛黑袍」瑪哈嘎拉因修持方式的不同，分成三種：一是「智慧的護法」，二是「事業的護法」，以及「世間的護法」共三種。這三個也叫做「三護法」。

在講解「三護法」之前，我們要先理解什麼叫「三身」。理解「三身」可以有助於我們理解瑪哈嘎拉「三護法」的涵義。當我們證得最終佛果時，會用佛的三身來說明，也就是法身、報身跟化身。法身可以說是它的本質、本體，當有所示現的時候，它就是色身、化身。而色身當中又有分報身跟化身兩部分，所以法身、報身跟化身即是三身。

一、智慧的護法：
「金剛黑袍」護法瑪哈嘎拉分成三種，第一種是智慧的瑪哈嘎拉，也就是智慧的護法，即三身當中的「法身」、「報身」。這裡的智慧也可以翻譯成「本智」。

為什麼會叫「智慧」（或稱「本智」）？它說的是事物本來的面目、本質、情況，也就是它本來的實相。若以「根」、「道」、「果」來談論，本智指的是「根」的部分，也可以說是如來藏，因為眾生本智的本質就是如來藏。

我們說「法身」的時候，指的就是本質，也就是「根」、「道」、「果」的「根」，即「如來藏」。說「報身」的時候，指的就是「根」、「道」、「果」的「果」，所以他是報身。這是法、報二身雙運的智慧護法。

二、事業的護法：
事業的瑪哈嘎拉被稱為「子」，是智慧護法的孩子。就像我們常會用佛父來形容佛陀為父親，用佛子來稱謂菩薩的一種關係。這裡事業的護法，很多時候指的是「智慧護法之子」。

同樣，我們說佛陀有三「子」，一個是代表「身」的孩子羅睺羅；再來是代表「語」的孩子聲聞、緣覺及阿羅漢；而代表佛陀心意的心子，就是菩薩。就像佛陀有身、語、意三個孩子，同樣地，在這裡，第二個事業的瑪哈嘎拉護法，是屬於智慧瑪哈嘎拉的心子。

三、世間護法：
世間護法指的就是瑪哈嘎拉的眷屬眾。以噶舉派來說，金剛黑袍護法是屬於事業的護法，是屬於「子」的部分。父親就是列滇拿波。至於「子」，就是二臂金剛黑袍瑪哈嘎拉。世間護法指的就是他周圍的眷屬眾，都是屬於世間護法。

如果你要修金剛黑袍護法的法門，廣的儀軌真是長到不可思議。譬如，要觀修瑪哈嘎拉的宮殿，光他宮殿的高度就有五層樓那麼高，而且每一層都住有他不同的眷屬在裡面。這些都是瑪哈嘎拉的世間護法，除了觀想每一層樓，還要一個個去觀想眷屬及其護法的樣子，每個臉都不同，有的像是獅子，有的長得像是狗臉的形象等等。

傳承中，觀修父尊的修持法

在修持金剛黑袍護法主要的傳承與觀修時，有分父尊、母尊、父母雙尊三種類型的修持方法。

有關父尊修持法，這個續典是從印度大成就者，仲比嘿嚕嘎大師傳承下來的。講到傳承，大手印傳承有分近傳承跟遠傳承兩種。近傳承是我們熟悉的，從帝洛巴、那洛巴、馬爾巴、密勒日巴，到歷代噶瑪巴。而遠傳承就分得很細了。從金剛總持傳到帝洛巴、那洛巴，中間還有很多其他的上師，譬如金剛總持到帝洛巴之間，帝洛巴自己就彙集了四個傳承。所以，除了金剛總持，還有四位上師傳法給了帝洛巴。

仲比嘿嚕嘎是帝洛巴的上師之一。金剛總持並不是直接把瑪哈嘎拉金剛黑袍的續典或法，直接傳給帝洛巴的，他是透過仲比嘿嚕嘎大師傳給帝洛巴，帝洛巴再傳給那洛巴、馬爾巴、密勒日巴、岡波巴...，如此傳承下來。

仲比嘿嚕嘎成就者是在印度一個名叫「哈哈卓巴」的墳場修持。這個墳場據說就在現今菩提迦耶正覺塔門外不遠處的墳場附近。那時有一天傍晚，當仲比嘿嚕嘎在墳場修持的時候，突然間，大地震動，出現了各種神通變化，這個震動一直持續到清晨。

當清晨天剛亮的時候，仲比嘿嚕嘎大師看到了這對「父」與「子」的瑪哈嘎拉出現在眼前[15]，還有他的世間眷屬眾，也就是世間護法，全出現在他面前。

忿怒、矮胖的三等比例身形

當時，仲比嘿嚕嘎大師看到的瑪哈嘎拉、金剛黑袍護法是什麼模樣呢？他當時示現的是忿怒像。仲比嘿嚕嘎形容他有三個非常特別的外貌特徵：第一個呈現極度忿怒的樣子。第二是，他的身體比例很特別。頭、身體、腿的長短比例完全一樣，

[15] 編注 ：「父」的瑪哈嘎拉，指的就是列滇拿波，「子」的瑪哈嘎拉就是金剛黑袍護法。

所以又叫做「三分」護法。很像希臘神話裡的小矮人，個子矮小，但是圓圓胖胖的，身形也有點像漫畫裡的小叮噹。

所以，在噶瑪噶舉的金剛黑袍護法畫像或佛像中，所繪的都是忿怒、矮胖、三等身形外觀，其原因就在這裡。這是有傳承和原由的。第十七世大寶法王親手所畫的那幅瑪哈嘎拉，外像就如這裡所形容的，並不是法王喜歡這樣畫，而是根據傳承記載的形容，他長的就是這個樣子。

帝洛巴大師曾彙集了最主要的四個傳承於一身，分別是東、南、西、北四傳承。由於仲比嘿嚕嘎大師是屬於南方的傳承系統，所以南方的傳承就由仲比嘿嚕嘎大師傳給了帝洛巴大師、那洛巴，再傳到馬爾巴大師。這幾位祖師他們在修瑪哈嘎拉護法的時候，都是秘密地修持，並沒有公開。

其中，馬爾巴大師主要修持的是吉祥天女的化身或一個支分，我們叫她作「杜素瑪」的護法，但是他自己最主要修持的還是瑪哈嘎拉，金剛黑袍護法。當時馬爾巴大師也曾像仲比嘿嚕嘎大師一樣，親眼見到了「智慧的護法」列滇拿波，也見到了「事業的護法」金剛黑袍護法，以及他所有的眷屬眾「世間護法」。然後，馬爾巴大師又把這個法，傳給了密勒日巴，密勒日巴再傳給岡波巴，岡波巴再傳給第一世法王噶瑪巴，就是杜松虔巴。

第二章

噶瑪巴與瑪哈嘎拉的緣分

瑪哈嘎拉猶如一名隱形的貼身護衛，總在噶瑪巴最需要的時候，適時出現……

瑪哈嘎拉得到出世間的成就、證得果位之後，就如其誓言所承諾的，多次顯現他的大能與大力，守護佛教以及持守其法教的修行者。傳記裡提到，第一世噶瑪巴杜松虔巴最主要的弟子卓貢仁千，也就是大司徒仁波切的前世，他跟金剛黑袍非常親近，能跟護法直接講話溝通。卓貢仁千與瑪哈嘎拉有如此親近的緣分，這要從杜松虔巴度化卓貢仁千的一段緣起談起。

瑪哈嘎拉護主、護法的故事

當時已是大成就者的卓貢仁千，聽說有一位了不起的大成就者名叫杜松虔巴，於是心想：「我的成就也很大，不需要去跟杜松虔巴請法，但是，我應該去頂禮他，跟他討論佛法。」

雪山比法，度化弟子

於是，卓貢仁千來到杜松虔巴的跟前，跟杜松虔巴說：「聽說你也是位很了不起的修行者，我想跟你討論佛法。」當時，杜松虔巴就跟卓貢仁千說：「很抱歉，我沒什麼時間，因為我要禪修入定。你如果要討論佛法，可以到對面山上，山洞裡有我的弟子，你可以去跟他討論。」

卓貢仁千依杜松虔巴說的，到了對面山洞，誰知他往山洞裡一看，什麼人都沒有，只有一隻老虎，他嚇了一大跳！心想：「怎麼是一隻老虎？」於是，又跑回到杜松虔巴那邊說：「洞裡什麼都沒有，只有一隻老虎。」杜松虔巴說：「有，有人在的，你再去一次。」

卓貢仁千第二次去的時候，那隻老虎不見了，只見洞裡有一灘小池水，他隨手拿起小石頭往池裡一丟，然後就回來跟杜松虔巴說：「很奇怪，那裡什麼都沒有，只有一個小池子。」杜松虔巴跟他說：「你第一次看到老虎，第二次看到池子，我都不知道你到底在說什麼，要不，你再去一次好了！」

結果，這次，卓貢仁千終於看到洞裡有人在那裡了，而且他的長像就是「聶莫瓦」，是杜松虔巴的弟子，也是一位成就者，樣子很像密勒日巴尊者，穿者一件布衣正在那兒修持著。剛剛卓貢仁千丟到水裡面的小石頭，正巧就在「聶莫瓦」成就者的腿上。

這時候，卓貢仁千開口說：「杜松虔巴要我來找你談佛法。」這時候，聶莫瓦回答說：「佛法不是嘴上說說而已！」由於他們住的地方，山洞上面是一座雪山，聶莫瓦說：「要不這樣好了，你將雪山的雪融化，我在山下的山谷裡檔住融化的雪水；要不，就是我去把積雪融化，你去山谷擋住雪水也行。」

卓貢仁千聽了，心想：「要把雪水融化，我大概做不到，但是把雪水擋住，我大概可以。」於是，卓貢仁千便回答聶莫瓦說：「好吧！你去把雪融化，我到山谷把雪水擋住。」於是卓貢仁千來到山谷下等著。

只見聶莫瓦大成就者在山洞，他和密勒日巴尊者一樣，主要修持拙火，所以他一禪坐修法，雪就融化了！融化的雪水非常多，瞬間就把卓貢仁千沖走了。這時，在山洞裡的聶莫瓦大師救了他，把他帶回到洞中。

當卓貢仁千回到杜松虔巴那裡，他的觀念完全改變了！他知道，連弟子都這麼厲害，那上師一定更不可思議，所以，當下就頂禮杜松虔巴，並視他為根本上師。

杜松虔巴跟聶莫瓦這對師徒，他們一句話都沒有說，而是透過實修、成就的力量，度化卓貢仁千，讓他的心轉變了，成為杜松虔巴的弟子，而且還是杜松虔巴最主要的弟子。於是，杜松虔巴將各種口訣、教法，傳給了卓貢仁千，其中最主要的，就是將金剛黑袍護法「瑪哈嘎拉」的教法，也傳給了卓貢仁千。卓貢仁千最主要依止的護法就是金剛黑袍「瑪哈嘎拉」。

黑袍護法顯威，對抗苯教九大咒師

瑪哈嘎拉展現其護法的神蹟不可思議。傳記中記載著，卓貢仁千在達瑪寺附近修持的時候，當地的苯教⓰很盛行。當時記載，苯教曾施放很多對卓貢仁千不利的咒術，想傷害他。卓貢仁千於是修法，並偕同金剛黑袍護法「瑪哈嘎拉」與其世間護法眷屬眾，一起對抗苯教的咒術，一舉把苯教師徒全部抓起，塞到腋下。

雖然苯教敗了，但他們當時的勢力龐大，擁有很多的寺院與管轄地。當時卓貢仁千待在噶瑪寺後面的一座山洞裡修行，

⓰ 編注：校長説到，苯教不是印度傳承下來的佛教支派，雖然他們自己這麼説，但其實苯教是西藏當地原始的教派。

有一天，苯教派了九大咒師來尋仇了！他們選在卓貢仁千禪修的山洞對面，並開始對卓貢仁千作法、施咒。

當時的卓貢仁千每天都會修持長軌的瑪哈嘎拉，並向瑪哈嘎拉作許多的供養。就在他修持儀軌、作供養的時候，九大咒師在洞裡突然看到一個很大的黑影，像鬼魅般地飛了過來，瞬間就把他們所待的山洞給封住，九大咒師就這樣被封在洞裡無法出來。

瑪哈嘎拉將山洞封住之後，在四周空中盤旋，具大的黑影子籠罩整個山谷，瑪哈嘎拉對卓貢仁千說：「我幫你將這些障礙都消除了，你趕快幫我做多瑪的供養吧！」

當時，卓貢仁千其實也被瑪哈嘎拉發出的巨大聲響與模樣嚇到了，他不斷地後退到緊貼洞壁，直到無路可退為止。到現在，我們都還可以在山壁上見到遺跡存在，你還可以看到當年卓貢仁千大師貼印在洞壁上的背影。

不公開的畫像，隱形的貼身護法

杜松虔巴把法傳給了卓貢仁千，接著，卓貢仁千又把這個法傳給了第二世噶瑪巴。與噶瑪巴特別有緣的護法，就是金剛黑袍護法。他曾寫了一本傳記，記載與瑪哈嘎拉護法甚深緣分的故事。

傳記中記載，有一次，噶瑪巴在寺院當中修瑪哈嘎拉的時候，看見了瑪哈嘎拉。他形容瑪哈嘎拉的嘴巴，如同天地般的大，他的上唇像天一樣寬闊，下唇如同大地般無邊。他有三個眼睛，每個眼睛放出的光芒就像太陽般耀眼。他口中發出「吽」聲，猶如雷聲響徹雲霄。

還有一次，噶瑪巴到了一個叫做「壑」的地方，又看到了瑪哈嘎拉。他的身體如同三界一般，光是他的腳，就連世間都容納不下。另外還有一次在楚布寺的時候，噶瑪巴也再次看到了瑪哈嘎拉。

第二世噶瑪巴曾三次見到瑪哈嘎拉，於是他決定要把他見到的瑪哈嘎拉畫出來。當時噶瑪巴親手畫出的瑪哈嘎拉，最主要是依據之前仲比黑嚕嘎大師所看到的，即頭、身、腳三等比例的外觀來畫，再加上他親眼所見到的極大忿怒相。但當時他一畫完，就很清楚知道，這還不是公開給外人看的時候，因為只要是人，一看到瑪哈嘎拉這模樣，肯定會嚇昏的。於是他一畫完，便封印了起來。

瑪哈嘎拉是誰？

這幅唐卡，之後傳給了第三世噶瑪巴，也就是讓炯多傑，一直到第十六世噶瑪巴，每一世噶瑪巴都會將此畫帶在身上，而且從來沒有打開過。當年那個封印到現在都還一直封住，每一世噶瑪巴都會將它帶在身上，就像是一位隱形的貼身護法。現在，這幅唐卡在哪裡呢？可能存放在印度隆德寺，因為當年應該是隨著第十六世大寶法王離開西藏的時候，一起帶了出來。

書裡也記載，從第四世噶瑪巴開始有個慣例，無論噶瑪巴到什麼地方去，他的侍者都會騎馬帶著這幅唐卡開路。而且，只要噶瑪巴到了某個定點停留，這幅唐卡一定會跟噶瑪巴的黑寶冠同放一起，兩者不會分離。

由於瑪哈嘎拉護法的樣子長得實在太令人驚駭了，所以他也無法成為一般人的修持。如果我們想要真正理解噶瑪噶舉的金剛黑袍護法，就要先對他的歷史跟故事有所瞭解，這是很重要的。知道他是誰之後，不會生起疑惑，也不會有所誤解。

有些教派會認為，瑪哈嘎拉可能是印度教的護法，但從我們一路談起他的由來、傳承和與藏傳佛教的淵源，你會更加明白，事實中的瑪哈嘎拉不像坊間一般說的那樣。或許前半段歷史，他還沒被大白傘蓋佛母降服之前，的確是列滇拿波——一個信奉印度教的人。我們也無法否認他被釋迦牟尼佛降服之前是印度教的弟子的這個事實。但是，一旦知道釋迦牟尼佛攝受他，他也在當時皈依，做了這樣的承諾，誓言要守護佛法為一個特殊的護法，這一段史記，可以很確定地消除我們對瑪哈嘎拉過去曾有的誤解與疑惑。

希望日後當有人跟我們問起、談論起「瑪哈嘎拉是誰？」時，你們都能對他的故事、歷史以及後來為何會成為出世間的護法，並誓言守護佛法等等的事蹟，清楚明白地回答其來龍去脈。

第三章

廣傳瑪哈嘎拉的時候到了

「所有最殊勝的上師、本尊、護法都依止到了。我得到所有福氣當中最殊勝的福氣。」——第十五世大寶法王

我們現在看到的金剛黑袍護法，是第七世大寶法王確札嘉措在修瑪哈嘎拉之時親見本尊畫下的，第二世法王噶瑪巴希也有見到並畫下樣子，但是當時都是密傳沒有公開傳出來，所以第七世法王在見到瑪哈嘎拉時提出了請求：「我現在可不可以把你的樣子畫下來，流傳於大眾呢？」瑪哈嘎拉當下說：「廣傳瑪哈嘎拉法的時間已經到了，所以可以畫出來。」當時的第七世法王是在噶瑪寺前的一座山裡閉關，他按照龍樹菩薩歸納的四部護法儀軌中的第二部——鉞刀瑪哈嘎拉，畫了瑪哈嘎拉。這尊瑪哈嘎拉未著服飾，只是鉞刀放心間。

古代尼泊爾是密法最興盛、也是密法傳承最清靜的地方，因此在尼泊爾，還可以看到最古老的瑪哈嘎拉的模樣——鉞刀放心間、沒有著服飾的雕像，所以這尊瑪哈嘎拉的模樣是直

接從印度傳到尼泊爾。這尊瑪哈嘎拉雕像的年代已無法確認，但是可以從他下巴看出端倪。因為傳統獻供給瑪哈嘎拉的甜食，會直接塗在他的嘴巴上，雕像下巴部分已被摸到凹陷，可想而知，年代已久遠。

瑪哈嘎拉的樣貌

這尊是目前仍存在於尼泊爾最古老的瑪哈嘎拉雕像。鉞刀放心間。
尼泊爾列些林高級佛學院／提供

瑪哈嘎拉最主要的部主，也就是說他是屬於哪一尊佛呢？是屬於不動佛！所以可以看到他的頭頂上都有不動佛。這裡有一張瑪哈嘎拉的照片，是我特地請尼泊爾僧人拍照傳過來的，大家可以傳閱。

這尊雕像是在尼泊爾的斯瓦揚布納特 (Swayambhunath) 猴子山那座佛塔上面，我年輕的時候，在猴子山佛塔上面看過這尊雕像，當時雕像的後面沒有紅磚房，周遭沒有任何東西，只是一尊雕像站在那邊，也不知何時被用紅磚砌起屏障來保護。

噶舉金剛黑袍護法：頭、身、腳等比三分

四部護法儀軌中的鉞刀瑪哈嘎拉，其實還分為不同的瑪哈嘎拉。譬如薩迦派的叫做寶帳怙主瑪哈嘎拉，就像尼泊爾這尊瑪哈嘎拉的鉞刀是靠在心間，但是噶舉的金剛黑袍瑪哈嘎拉的右手鉞刀是伸出來的，書裡的文字還很準確的形容：第七世法王畫的瑪哈嘎拉是沒有穿衣服，而且符合「三分」比例。

一般來說，人的臉長是 12 個手指頭的寬度，頸長則是四個手指頭的寬，身材則約七或八頭身，以比例來說，身體比頭的長度要長很多，因此大部分的佛像、菩薩甚至護法，是按照人的比例打造。但金剛黑袍護法是臉、身體、腳三部分的比例均分，所以身體跟頭是一樣大的，可想而知，瑪哈嘎拉的

頭有多大了。

所以第七世大寶法王噶瑪巴確札嘉措，就按照仲比嘿嚕嘎大師所繪的三分比例，再依著第二世法王噶瑪巴希對瑪哈嘎拉的形容，畫出了現在流傳的瑪哈嘎拉的樣子。他的頭非常的大，四肢粗且短，臉上有三個眼睛，還有一張佔了整個頭部一半大的嘴巴。金剛黑袍護法的樣子和其他的忿怒黑袍護法都不一樣，在噶瑪噶舉裡畫瑪哈嘎拉的時候，各位記得要如法地按照以上形容的條件來畫他。

第七世噶瑪巴畫出了瑪哈嘎拉的樣子之後，接下來就開始塑像。我沒見過第七世法王所塑造的護法像，但是第八世大司徒仁波切確吉炯內，精通各種的法器、樂理還有唐卡、佛像的製造，所以我見過由確吉炯乃製作的小的瑪哈嘎拉像，我想，外貌應該就和第七世法王畫的一樣。

雖然我們沒有見過真實的瑪哈嘎拉像，但是我們常常說要親見某個本尊。其實是需要不斷薰習的，日後大家觀修瑪哈嘎拉的時候，要不斷地習慣去觀想他的樣子，那麼你就會親見本尊。

上師與護法瑪哈嘎拉，無二無別

修持瑪哈嘎拉或是護法，其實不是因為他是某個護法我們就去修持他，為什麼呢？有一句話形容「上師護法無二」，上師指的就是寂靜尊的噶瑪巴，而忿怒尊就是金剛黑袍護法，金剛黑袍護法真的是很特別。為什麼會有這一段「上師護法無二」呢？因為第二世噶瑪巴希說：「我就是薩惹哈！我就是蓮師！我就是噶瑪巴希！」同時他也說：「我就是金剛黑袍護法！」由於噶瑪巴希是歷代噶瑪巴中修持咒術最有力量的一位，所以和他心意無二無別的金剛黑袍護法，也就自然成為了每一世噶瑪巴的修持。而且每一世噶瑪巴都會說他和金剛黑袍護法是無二無別的。

密乘有三根本：上師、本尊跟護法，有的人會這麼想，本尊是金剛亥母，護法一定是金剛黑袍護法瑪哈嘎拉。但其實所謂本尊的意思是，當你想要修持某一法，或是你對某一個菩薩特別相應的時候，他就成為你的本尊，如果你覺得和金剛黑袍護法特別相應，你想要修持，他就成了你的本尊。

雖然「上師護法無二無別」，但這裡指的是瑪哈嘎拉。之前曾提到，護法分世間和出世間，所以並不是所有的護法都是和上師無二無別的。在護法當中，出世間的護法，尤其是智慧護法瑪哈嘎拉，才是和上師無二無別的。因此如果我們要修持金剛黑袍護法瑪哈嘎拉，他不僅僅是護法，同時也成為了你的本尊，也可以說是你的上師。

金剛黑袍護法之所以是一尊殊勝的護法，還有一個原因：因為整個修持法門包含了生起次第、圓滿次第，所以這個法門可以幫助我們得到共同的成就、殊勝的成就，這是他殊勝的原因。

當我們在修瑪哈嘎拉儀軌跟法門的時候，首先我們要按照第七世噶瑪巴所述，憶念跟觀想瑪哈嘎拉的樣子，不斷地去想他的成因跟典故，那麼就能清晰的觀想出來。這裡有一點很重要：觀想不是向外祈請而來。真正的觀修是：你從內心中觀修、觀想瑪哈嘎拉，最終能成就這個法的時候，你就從自心顯現出瑪哈嘎拉的像，所以並不是從外在把瑪哈嘎拉召喚過來。

現在坊間有很多瑪哈嘎拉的唐卡、塑像，大部分已經變成一種商品了，真的是很亂。畫像或塑像的人，完全不知道典故是什麼。如果我們是依照那樣去做觀修，就無法生起正確的觀修。我記得曾經在康區見過一、兩幅非常舊的瑪哈嘎拉像，從頭、身比例，還有嘴巴的大小，就可以知道那個畫像真的很標準。

第十七世大寶法王也有畫一幅瑪哈嘎拉的像，大家看這幅瑪哈嘎拉畫像，一定會有不一樣的感受。我自己也不斷地看法王畫的瑪哈嘎拉，內心真能感受到這幅畫像是不一樣的，這是法王心意化現，不是複製或仿造某一個唐卡畫出來的。總之，我們可以拿到這樣一張唐卡是非常好的，我們都是凡夫，不可能親見到瑪哈嘎拉，所以需要一個所依、所緣的相貌觀修，只要有法王畫的唐卡，我們就可以好好去做修持。

觀修瑪哈嘎拉法的時候，首先要生起次第，比如瑪哈嘎拉住的宮殿樣子。之前講過金剛亥母的宮殿是很簡單的，而觀想瑪哈嘎拉的宮殿就複雜多了。為什麼複雜呢？先前講過，瑪哈嘎拉分為智慧、事業兩大護法。所謂事業瑪哈嘎拉，指的就是金剛黑袍本身還有世間的護法，也就是他的眷屬。在宮殿中的三、四、五層樓，裡面都是他的眷屬。

再來是圓滿次第，其中包含氣、脈、明點等很多的修持和口訣。從這個角度去看瑪哈嘎拉的修持內容和要點，你可以看的出來，他真的不是一般的法本，不是一般本尊的修持，他是非常特別的法門。

有一種方式是觀想瑪哈嘎拉是白色，這是什麼呢？這是「身」的瑪哈嘎拉。可以幫助我們消除壽命上各種的障礙，他的白色，是象徵給我們壽命的成就。再來是紅色「語」的瑪哈嘎拉，代表息、增、懷、誅四業中的懷柔這部分。再來是藍黑綜合顏色的「意」或是「心」的瑪哈嘎拉，可以消除所有破壞佛教的逆緣。代表「功德」的瑪哈嘎拉是黃色，能夠增長財富。綠色的瑪哈嘎拉是代表「事業」，能幫助我們圓滿各種事業。

所謂的身、語、意、功德、事業瑪哈嘎拉，這些本身就是金剛黑袍護法，並不是說在金剛黑袍護法之外還有其他的五個，而是我們主要專修就是金剛黑袍護法他本身這個法。如果你修的好，之後，想要利益他人或者你有一些特別的原因、不同的事業情況需求下，可以特別再修身、語、意、事業、功德等等的瑪哈嘎拉。

譬如，為了延長壽命，你可以修「身」的瑪哈嘎拉；因為白色也意味著消除各種壽命上的障礙。同樣的，「語」的瑪哈嘎拉則可以懷柔一切，就外相顏色來說，深藍色「意」的瑪哈嘎拉可以消除所有的怨害。黃色的瑪哈嘎拉可以增長一切財富。綠色的瑪哈嘎拉能圓滿一切的事業。

化繁為簡，合一修持

這裡並不是要你一次分開去修五個法。在修持的順序上，首先應該先把金剛黑袍護法本尊的生起次第、圓滿次第都修圓滿了，然後再去利益他人的時候，因著個人可能有不同的情況需求，這時候才特別再去修身、語、意、功德、事業等不同的瑪哈嘎拉。

有些人擁有各種不同的佛像，以為每尊佛像可以滿足我們不同的需求。事實上，我們只要好好修持一位本尊就好。把金剛黑袍護法視為本尊，好好修圓滿後你會發現，一位本尊其實就已包含了身、語、意、功德、事業在內。所以只要供一尊佛像就夠了。要懂得如何化繁為簡到一位本尊裡。當你能做到化繁為簡，全部合一的時候，就代表你已經全部都通曉、抓到本尊修持的重點關鍵了。選擇一個法，專注地修下去，當圓滿此法的時候，其他的一切法也都圓滿了知。倘若你以為此生要修一百個法門，依止一百個本尊、修持這一百位本尊的儀軌才能圓滿，那麼你每天光在佛前點燈、禮拜，就累得很了，哪有時間去修行？

阿底峽尊者當年就曾提出這樣的觀念，要大家如何化繁為簡、一知全解地作修持，如此才能有結果。那時他初到西藏，碰到仁欽桑波譯師，他想：「西藏已經有一位這麼有大智慧學問的智者，我根本不用來這裡傳法的。」但是當他看到藏傳寺院裡有那麼多尊的佛像，又看到寺院密續經典裡，續部又分屬出許多不同續部本尊等等現象，於是他問大譯師仁欽桑波：「這邊的人是如何做修行的呢？」仁欽桑波回答說：「我們的修行是當你要修事部的時候，就到某一個寺院去修這個法，要修行部的時候再到另一個寺院去修這個法，你要修哪一個本尊得到不同寺院去修不同的法……。」阿底峽尊者一聽就說，本尊已經太多、太氾濫了，這樣是不會有結果的！

於是阿底峽尊者瞭解到，自己來到西藏，是要幫他們點出修持的關鍵在哪裡，如何化繁為簡。他當時說了很重要的一段話：「當你要實修時，一定要化繁為簡，抓到正確的關鍵點去修它。」也因為這樣，阿底峽尊者寫了《菩提道燈論》[17]，將所有經續，包括四續的精要內容都寫在裡面。

我們有時後會遇到一種情況就是，我們需要依止上師、本尊、護法，但是上師太多了，本尊也太多了，護法更不用說，也很多。結果就在一堆「太多了！不知道真正所要的成果會在哪？」的疑惑中迷失了。

找出相應法，專一而修就夠了！

我們要化繁為簡，真正了解到甚麼是上師、本尊、護法合一地來修持他，不然我們就會迷失在太多的護法、本尊修持當中。現在學佛的情況是：一有上課、有灌頂活動，大家就一定會出現參加。但灌頂太多、領受的法太多，回到家，搞了

[17] 編注：第十七世大寶法王曾於 2010 年 12 月 10 日至 12 日在印度菩提迦耶大祈願法會上，講述由阿底峽尊者所著的《菩提道燈論》，詳細資訊內容可參看第十七世大寶法王噶瑪巴官方中文網：http://www.kagyuoffice.org.tw/

半天，還是不知道該怎麼修。這代表沒有抓到重點，還不知道觀修的訣竅。我們跟隨了很多老師，領受了很多灌頂，也學到了很多儀軌跟本尊法，回家看到厚厚一疊儀軌，整齊地放在佛堂上，另一邊則是厚厚一疊的法照放在哪兒。看著這一疊已領受過灌頂的儀軌，不念不行，不修又不開心，但是你又沒有那麼多時間去把所有的儀軌念完。想到這裡就覺得好累！於是就更不知道從何修起了。

有效的修持並不是要你抓著全部的法都去修完它，一個就好了！去找出和你相應的那個法，抓著他，就夠了。這樣才會起效用。

講到噶瑪噶舉我們要依止噶瑪噶舉特殊的上師是誰？就是噶瑪巴。本尊是金剛亥母。護法是金剛黑袍瑪哈嘎拉。接著提到第十五世噶瑪巴修持上師本尊護法有一段偈文。第一段提到，上師當中最殊勝的就是上師噶瑪巴。第二段提到，本尊最殊勝的就是金剛瑜伽母。第三句說，所有殊勝的護法就是瑪哈嘎拉。第四句說到，所有福氣當中我得到最殊勝的福氣了。

第十五世法王說：「所有最殊勝的上師、本尊、護法我都依止到了。我得到所有福氣當中最殊勝的福氣。」如果我們站在第十五世噶瑪巴的角度去思考他說的第一段話：「最殊勝的上師是噶瑪巴」的時候，指的應該是第十四世噶瑪巴。連十五世噶瑪巴都這麼珍惜噶瑪巴，他知道上師、本尊、護法是那麼有福報，我們也更應該覺得知足、有福氣。

這裡你可以去想一想，覺得最相應的，最有緣分的那位上師、本尊、護法是誰？這是很重要的，因為你和他特別地投緣、相應的時候，代表你們過去有一種緣分，在修持時會比較容易有覺受和證悟。在這裡也提到身為噶瑪噶舉弟子，需要依止上師噶瑪巴，本尊是金剛亥母，護法金剛黑袍瑪哈嘎拉。但是，因為這個緣故，你想要趕快修瑪哈嘎拉，想要得到他那大的咒術力量的話，是不行的。在印度或尼泊爾，很難得才有機會解說瑪哈嘎拉的源流與修持方式。這次是因為各位有這樣的因緣，我做了這樣的介紹。藉由這幾堂課和大家分享，希望會對大家有利益。

在開始學習儀軌以及如何觀修之前，瞭解某個法門的源流典故、傳承，是非常重要的。尤其是長得像瑪哈嘎拉這樣威猛的本尊，如果不先讓大家瞭解源流與典故，光見到他可怕的模樣，會誤以為他可能是個不慈悲的護法。

慈悲的忿怒相

講到這裡有一個禮讚瑪哈嘎拉的四句偈文：第一偈提到，瑪哈嘎拉多生多劫以來不斷地在修持調伏他的心性。接下來說，他以大悲心示現了忿怒相。第三句是說，他廣大地弘揚了佛陀如來的正教。第四偈說，他調伏了廣大難以調伏的眾生。因此我要禮敬這樣一位瑪哈嘎拉的讚文。

這個偈文出自於瑪哈嘎拉的續典，這裡看到第二句：因大悲心而示現忿怒相。為什麼他會長的是忿怒相？其實是因為大悲心，所以才如此示現。但是一般我們會認為，一個很有大悲心、很慈悲的人，應該示現的是慈悲、祥和的模樣，為什麼會是忿怒相呢？這時候就要看到第四句偈文說到：他可以調伏難以調伏的頑劣眾生。所以他以忿怒相示現，是為了要調伏頑劣的眾生。因此慈悲心也好，菩提心也好，其示現的樣子不一定就是慈眉善目。

舉個例子：當貓看到老鼠時，貓還是慈眉善目的，所以不一定慈眉善目都是心地良好。貓看到老鼠時，臉是如此的平靜、如此的專注。但是他的動機不好，是要吃掉牠的。所以，外在的樣子是慈眉善目，就一定代表他是好的嗎？講到人的話，很多人他真正的內心跟外在的相貌差很大。可能內心充滿了仇恨或各種煩惱，外相卻是慈眉善目的樣子。

這些比喻的重點是要我們理解，不要覺得忿怒相就代表他沒有慈悲心，這不僅容易造成誤解，甚至是一種邪見。

任何時間都要修持、讚頌他

這兩天看到這麼多人來聽課，希望大家有聽懂瑪哈嘎拉得道前的故事。最後我要在這一本噶瑪巴編的書裡，將第二世法王噶瑪巴希放在書背裡的一段話提出來與大家分享。這一段話是說：「任何修持噶瑪噶舉教法的行者，嗎哈嘎拉是包含一切的。就是息、增、懷、誅所有一切無量事業都包含的瑪哈嘎拉護法。」接著說：「我們要持守和他的三昧耶誓言。同時要做非常多的多瑪供養。」噶瑪巴希還說：「我們要不斷地把這個法傳揚下去，不斷地和別人講說這個教法。」

再來，噶瑪巴希說到實修法：「要去實修這個法、供養法。在任何時間，不管是早上、中午、晚上。或是三時，過去、現在、未來。（以一天來講的三時就是早上、中午、晚上）任何時間都要向瑪哈嘎拉作供養、讚頌。在得到這個法的灌頂、口傳、教授後，你要融攝為一，化繁為簡來修持。」意思就是，其他以前修很多很多的方法，這時可以化繁為簡，只修瑪哈嘎拉一個法地來修持他。

最後一句是：「這些如果你都不做的話，」意思是剛剛講的這一些三昧耶誓言都不持守，也不供養，你也不去修持這些法門的話。「就算經過百年的時間也不會有任何成果發生。」我們在得到瑪哈嘎拉這個法門的灌頂、口傳、教授後，就必須要向他作供養、修持這個法門。不斷地修持之後，你的各種息、增、懷、誅事業，甚至不用刻意去求得，他也會自然的成就。

這兩天主要是談到瑪哈嘎拉的背景故事，還沒有談到修持方法。講到正行的話就要先得到灌頂、口傳、教授。

所以這兩天上課的內容可以幫我們想一想、考慮一下，我們要不要修這個法？要不要得到這個法的灌頂、口傳、教授。如果你覺得需要，那就領受灌頂、口傳、教授。如果聽了覺得不需要的話，那就當聽聽故事也是很好的。

在簡略介紹了瑪哈嘎拉的故事之後，接下來會是實修儀軌方法的介紹。另外也將安排瑪哈嘎拉的灌頂⓲。

⓲ 編注：有關瑪哈嘎拉的灌頂及接受灌頂後需持守的三昧耶等開示內容，請見第五部相關內文。

釋論

第三部，生命的勇士

《二臂瑪哈嘎拉日修簡軌》解說

第一章

前行修持的重要性

要證得本尊的觀修成果，得有紮實的前行作基礎。

我們在實修一個法門，也就是在做觀修次地的修持時，通常會分兩個部分來進行：一個是理論部分的理解，也就是對所要修持的法門做知識上的了解。第二個是實際觀修的部分。

之前敘述瑪哈嘎拉在世間與出世間成就的歷史典故，這些內容可以說是第一部分，也就是理論或知識上的理解。接下來教授的是第二個部分，也就是觀修次第。

少了前行，修行如同空中花、兔上角

想要深入學習瑪哈嘎拉修法，譬如生起次第跟圓滿次第的觀修，首先要做完四加行，也就是 10 萬遍的大禮拜，10 萬遍的金剛薩埵，以及 10 萬遍的獻曼達還有上師相應法，共 40 萬遍。

為什麼會有「四加行」前行的要求呢？那是因為我們在最一開始要進入修持的時候，要先修持我們的心，讓心調伏。前行是調伏我們的心最主要的方法持之一。正行法的修持同樣也離不開這個心。佛法就是要修持我們的心，它是整個修持的基礎，也是能夠成佛的因跟種子。問題在於，我們的心，剛開始是很頑強的，它被很多的煩惱覆蓋住，所以，在進入正行之前，會需要前行來調伏我們的心。

換句話說，在我們要進入任何一個法的正行之前，如果沒有圓滿修完前行法，讓心能夠調伏、柔軟、做好準備的話，就直接進入到正行的修持，這個正行的修法很可能只會變成是一種傳統，或是流於一種儀軌的念誦而已。雖然這樣的情況不見得會造成修持上的障礙，但相對來說，也不會成為修行上的助緣。

所以，無論做任何一個正行的法門修持，包括密乘的本尊或護法的觀修次第；顯乘裡面談到的止、觀的禪修；大手印的禪修；還有顯乘、密乘的禪修等等，這些正行的修持之前，一定都要有前行的修心做基礎，這是非常重要的。

為什麼說前行的準備跟修持很重要呢？因為有了柔軟與調伏的心做修持的基礎，當我們修正行法的時候，這個法，會很自然，也很容易地幫助我們生起各種覺受、證悟，而且也能夠幫助我們的覺受跟證悟更加地增長、穩定。

這意思就像是我們要種任何東西（稻穀）之前，首先要有肥沃的田地，這個田地要先整頓過，去掉雜質，讓它肥沃，那麼之後無論種什麼種子，穀物都容易發芽成長。肥沃的田地，就好比是完成前行後，調伏柔軟的心一樣，之後種下去的果實會長得非常的美好。

要讓穀物豐收，肥沃的田地非常重要。我們可以看看自己的心，是不是像一塊肥沃滋潤的田地？還是我們的心仍然非常頑強，就像一塊乾硬、貧瘠的田地般？所謂乾硬的田地、頑劣的心，代表的是自己的心還停留在過去的壞習慣或惡習中，或者，明知道過去自己的習慣不好，但卻不曾努力想要去做改變。

如果我們的心是處在這樣一塊乾硬田地的情況，那麼任何的修持，包括之後所進入的正行修持階段，善的種子以及善的習氣的培養，是很難進到心裡面去的。你會發現，你很難受到善的習氣影響，它完全種不進心田裡去，原因就是心還非常的頑劣。

這就是前行很重要的地方，尤其，講求實修或者是口訣的傳承，更特別注重前行的基礎。前行基礎做得紮實，之後，無論你要修任何的法門，譬如本尊的觀修或是禪修等等，會發現它都很容易產生效用，而且也會有很好的成果出現。如果不具備前行的基礎，而想要在正行當中達到任何的效果，那可能就像空中的花或是兔子上的角一樣，是不可能存有的一件事。

現在許多人在學習上的觀念，都希望能馬上看到或得到一些很大的成果，甚至想像自己是否可以不必太努力、太辛苦，就快速地得到一些成果。有時候還會有一點眼高手低，所以看到的都是大的本尊，大的禪修方式，卻沒有從最實際、最基礎的前行去開始修起，這樣是不行的！在做任何正行的修持之前，都應該要已具備好前行的基礎，這點真的很重要。

不過，大家也不要太害怕，我這樣一再強調前行的重要性，並不是說今天就要大家開始立刻去做四加行、去圓滿前行。畢竟大部分的人，一聽到要先圓滿做完 40 萬遍的四加行就很恐懼，所以不用害怕，這裡的重點並不是要強迫大家去做的意思。

剛剛講到具備前行修持基礎的提醒，主要是針對那些想要真的深入去修持瑪哈嘎拉廣軌，包括當中的生起次第、圓滿次第的人而說的。因為要深度地修持瑪哈嘎拉法門的話，就一定要先具備圓滿四加行 40 萬遍的修持。然而，如果只是做日修儀軌的修持的話，最主要的前行重點則是皈依跟發心。

儀軌越編越短，福德也越來越少

講到儀軌，瑪哈嘎拉在歷史上最長、最廣的儀軌，是由第六世法王通瓦敦殿所編輯的儀軌。第六世法王通瓦敦殿特別跟瑪哈嘎拉非常的相應。目前最廣的瑪哈嘎拉儀軌，就是由第六世噶瑪巴所編撰的，而且瑪哈嘎拉的「黑寶冠金剛舞」，也是由第六世噶瑪巴親自跳金剛舞所傳下的。

2012 年 2 月在印度菩提迦耶的大祈願法會裡，第十七世大寶法王在瑪哈嘎拉法會中，曾親自帶領並獨舞長達四十分鐘的瑪哈嘎拉金剛舞，相信各位都可以在 YouTube 跟電視上看到這段舞蹈紀錄片。能夠見到第十七世大寶法王，聽聞他的聲音、他的教法等等，真的是有福氣的一件事情，尤其能從電視上看到法王親自跳金剛舞，就如同見到瑪哈嘎拉在跳金剛舞一樣，因為，上師跟護法是無二無別的。

第六世法王他是什麼時候開始構思、編瑪哈嘎拉金剛舞的呢？有一種說法是，當他還在媽媽的肚子裡面時，就開始在跳舞了。因為他只要見到瑪哈嘎拉，就開始跳動起來。記載中說，當時他的媽媽常會頭昏、不舒服，而且身子常常會跟著嬰兒的舞動而晃動著，因為嬰兒在她肚裡跳舞的關係。做母親的那時心裡覺得很奇怪，擔心肚子裡懷的會不會是不好的東西？還是很好的生命？總之，第六世噶瑪巴出生之後，就將他當時在媽媽肚子裡面跳的舞，也帶到世間，跳了出來。這就是後來金剛舞蹈的傳承。

除了金剛舞，第六世法王通瓦敦殿也編撰了一個史上最長的瑪哈嘎拉儀軌，因為儀軌實在太長了，長到被冠上無聊的儀軌外號。這麼長的儀軌在第七世、第八世法王時代都在修持，一直到了第八世噶瑪巴米覺多傑的時候，他終於發現這樣不行，儀軌太長，必須要簡短一點。於是當時第八世噶瑪巴米覺多傑讓他的兩位主要弟子，一位是夏瑪・昆秋演臘，另一位是巴沃・祖拉成瓦，編撰一個比較短的瑪哈嘎拉儀軌，這個儀軌就是我們現在還一直在修持的儀軌，它比較簡短些。

之後，再到了司徒確吉炯內的時候，又編了另外一個更精簡一點的瑪哈嘎拉儀軌。到了第十五世噶瑪巴卡恰多傑，他特別地喜歡瑪哈嘎拉，所以又編了一個非常長的儀軌，長到跟當年第六世噶瑪巴的儀軌一樣長。當時，第十五世噶瑪巴為什麼要回頭再編這麼長的儀軌？因為他說：「我們將儀軌越編越短，越來越精簡，福德也越來越少，離果位也就越來越遠…。」所以他就編了一個很長的儀軌。

對第十五世噶瑪巴重編長的儀軌還有一個說法，是因為第十四世噶瑪巴曾在弟子的請求下，寫了一個更短的瑪哈嘎拉儀軌，叫「康音瑪」，也是我們現在有時候常會念誦的短軌。第十五世法王當時看到曾說：「儀軌怎麼越來越短？」所以後來才促使他想要編一個長的儀軌。

想想我們現在所處的這樣一個急功近利的社會，有的時候也會希望能有一個可以在五分鐘或六分鐘之內，就全部修完的儀軌，甚至還會想說：越快越好，越短越好！或許這也印證了第十五世法王所說的，我們現代人的福德真的是越來越少，10 分鐘、12 分鐘修持的儀軌雖然省時，但也可能讓我們離成佛的果位變得較為遙遠。

其實從很簡短的正行當中，很精要地修持，其中也蘊含了另外一層意義。也就是說，當我們前行的基礎打得越好，讓自己的心，準備的更好時，正行就算很精簡，也可以達到很好的效果。

這是整個瑪哈嘎拉的儀軌，從長到短，又從短到長的一個歷史沿革。

第二章

精要的生活日修儀軌

簡修儀軌，因為簡短，容易修持，有助於我們每天不間斷地持誦它。

我們現在來看這次要講的《二臂瑪哈嘎拉日修簡軌》，這個儀軌，它是短中之短的儀軌，甚至可以說，比第十四世法王所編撰的「康音瑪」儀軌還要短，還要精簡。這儀軌其實只放了祈請文而已，但還是有一些法友會說，怎麼辦？覺得還是太長了一點，沒有足夠的時間每天修此法，要求可不可以再把儀軌弄短一點？

這是一個滿奇特的心態。我們想要修持某一個法門，但內心卻又有一種深層的懈怠，然後，就回過頭來，希望透過要求儀軌可不可以再簡短一點的方式，讓自己可以不必花太多時間，就能達到想要的修持成果。換句話說，這是一種潛意識裡期望是否可以不修，但也能達到那樣效果的一種走捷徑方法。現在我們手中拿到的這一個《二臂瑪哈嘎拉日修簡軌》，它大概出現在 15~20 年前，當時，可以看出這部儀軌是為了要幫助現今忙碌的弟子，一個入門、與法結緣並種下善習氣的儀軌。

皈依發心

諸佛正法聖僧眾，直至菩提我皈依，

以我布施諸功德，為利眾生願成佛。（3 次）

首先法本一開始就是皈依、發心。我們在做任何修持的一開始，都要有皈依跟發心。之前曾提到，自心上的準備很重要，無論你是否已經做滿四十萬遍的前行，或者還沒有做完四十萬遍的前行，在修這個簡短儀軌的開始，皈依、發心，還有四無量心，都可以算是前行。

皈依有共同的皈依境、皈依處，也就是佛、法、僧三寶，還有不共的皈依，即特殊的皈依對象，也就是上師、本尊跟護法。這裡的上師是噶瑪巴，本尊是金剛亥母，護法就是金剛黑袍護法。

發四無量心

願一切有情具樂及樂因，（慈）
願一切有情離苦及苦因，（悲）
願一切有情不離無苦之妙樂，（喜）
願一切有情遠離怨親愛憎，常住大平等捨。（捨）

在皈依跟發心之後，接著就是發四無量心。

自生本尊

在本書第 12 頁儀軌，有一個叫「自生本尊」的部分。這裡的「自生本尊」就是要觀想自己為本尊，但並不是正行的本尊觀想。這裡為什麼要觀想自己為本尊？那是因為最初一開始，我們要先做供養，需要加持這些供養的物品。為了要讓這些物品得到加持，如果我們是以凡夫身的角色，就沒有辦法加持這些東西，所以我們要觀想自己為本尊。這裡的本尊就是金剛亥母，然後以金剛亥母本尊之姿，來加持這些供養物品。

自身驟化金剛瑜伽女：
一面二臂全身呈紅色，右持金剛杵柄之鉞刀，

左捧盈滿甘露之顱器，肘間執持三叉卡章嘎，
佛身寶飾莊嚴咸圓滿。

在法本中「自身驟化金剛瑜伽女」，這個「驟化」，指剎那之間要觀想：「我是，我就是金剛亥母，自己就是她！」的意思。也就是說，你不需要一個、一個去觀。好比說，先觀佛的種子字，然後再觀想其他，慢慢一步步地觀想出本尊的樣貌來，不需要這樣做。你要以鏡子裡面突然就現出了自己就是金剛亥母模樣的方式，在剎那間，你就是了！然後，觀想自己身體是紅色的，一面二臂，右手持金剛杵柄的鉞刀，左手捧著充滿甘露的顱器，肘間則執持著三叉卡章嘎，佛身裝飾所有的圓滿。這裡最重要的地方就是你要相信，相信你就是金剛亥母本尊。

供養食子

接著我們要加持這些供養物品。供養物品一開始是不淨的，為什麼是不清淨的呢？最主要的原因是因為這些供養物還受到我們二元、能所對立的心的一種執著，所以在法本中被稱為「不淨」。本書第 13 頁儀軌第一句開始說到的「瑪他涅居」（不淨情器），就是指這個祈請文，「瑪他涅居」是由第八世噶瑪巴所寫的祈請文。

嗡 不淨情器化為空，

從空性中本智之，

本書第13頁儀軌的部分，開始的第一句說「不淨情器化為空」，這一段所說的「情器」就是指有情眾生，還有這個器世間，也就是山河大地，一切外在的大自然以及所有的生命。他們本來是不淨的，就像我們自己一開始還是凡夫，可是當我們觀想自己為金剛亥母時，我們凡夫的身、語、意，已經開始轉變為金剛亥母，已經淨化為空了。同樣的，在這裡你觀想，「不淨情器」也就是不淨的這一切，他也都被淨化為空性，就像是你淨化為金剛亥母一般，去觀想所有的情器也都淨化為清淨的。

接著就是一切都淨化並轉變為空性。從空性當中，生起智慧。這裡的智慧，其實指的就是清淨的部分。我們常說我們的心，「心」包含了兩個部分，一個是明分，一個是空分。空，可以說是一開始、最初開始的一切，都轉變成為空性的部分，它代表的是界，也叫做「界」的部分。這裡的智慧代表的是明分的部分。所以，我們常說，心是明空不二的，也是界智無二的。

風火頭顱爐灶上，

顱內五肉五甘露，

接著這裡說，智慧般的「風火頭顱爐灶上」，這裡的爐子是一個人頭做成的爐子，為什麼會用這樣的器皿來供養呢？那是因為我們供養的對象是忿怒尊，所以這時候要用比較恐怖、忿怒的器皿來作供養。但通常一般的供養，使用的器皿是金、銀的器皿，但在這個儀軌修持時不是這麼用的。

現實情況是，我們常會以金、銀製成的器皿來作供養，但其實這些看似金銀的器皿，它也是仿金銀的塑膠物品做成的。同樣的，這裡說，人頭的爐子，其實可能也是塑膠製的人頭東西。這裡的重點並不在那個實際器皿等物質，而是我們的心態。供養的心態才是最重要的，那就是我們的心。換句話說，你不用太焦慮說，我哪裡才能找到人頭器皿，不用擔心。就像以前有某個修持的儀式，上頭文字形容要具備某種牛的肉，結果大家到處找，都找不到這種牛肉，最後只好宰了一隻牛來供養，這種做法是不對的！

重點在我們的心與動機

最重要的是我們的心，一種觀想的方式。並不是真的要去準備人骨、頭骨等東西。很多人喜歡全身都帶著人骨、頭蓋骨做成的念珠、法器、飾品等，或者家裡放著一個頭蓋骨或類似的東西。修持本身並不是要我們這樣做，重點是我們的心，那顆懂得深入其中涵義去觀想的心。

在這裡的修法當中，會陸續看到很多類似這樣子的文字。首先要有的觀念就是，寫出來的這些文字物品，不見得一定就要具備如文字般敘述的東西。它真正的涵義並不是在講實際的物品，而是在講我們的心的一種觀想。

以這一句「風火頭顱爐灶上」，在更深入仔細的儀軌當中，有解釋到，古代不像現在有瓦斯爐，他們要生起爐灶的時候，必須先用三個石頭把鍋子墊高，下面放入木柴、乾草或曬乾的牛馬糞去燒煮東西。換成觀想中的供養情境，只是把下面那三個石頭換成是人頭，用三個人頭把鍋子墊高，至於鍋子，就是一個很大的頭蓋骨，裡面放滿各種的供品。這是「供養食子」儀軌部分，第二個要觀想的畫面。

接著第二句說「爐內五肉五甘露」，爐子等於鍋子，但它是一個爐，是一個頭蓋骨，墊在三個石頭一般的人頭上面。這樣的頭蓋骨當中，要供養給瑪哈嘎拉的供品是五肉跟五甘露。文字上寫出來的叫做「五肉五甘露」，但其實這只是一種象徵性的文字，這裡真正要表達的內涵意義，其實是五種智慧。如果就文字上去解釋這裡有「五肉五甘露」的文字，其實並不適合公開跟一般大眾解說。所以，這裡「爐內五肉五甘露」的每一個究竟義理的細節，就不說了。

換句話說，談到「五肉」的時候，它代表的是方便；談到「甘露」的時候，代表的是智慧。

所以這裡指的是方便跟智慧的結合。當我們說，五肉是方便的時候，它其實也意謂著是指六度當中的前五度：布施、持戒、忍辱、精進跟禪定。這裡五肉也就是五種方便來做譬喻。再來提到智慧或者說甘露，五種甘露代表智慧，也是五種智慧。這裡的智慧也就是六度當中的智慧度。所以這裡談到五肉的方便，還有五甘露的智慧，也就是顯乘的六度。

各位在學習密乘的時候，對於密乘使用的文字形容，應該要有四種層次的理解。這四個層次的理解，分別是：字面上的理解；一般性的理解；隱含的意義理解；以及究竟意義的理解這四種。

當我們聽到「五肉五甘露」的時候，有四種層次的理解：

1、第一個層次：文字上的理解，它就是所謂的五種肉，五種甘露。

2、第二個層次：一般性的認識，就是所謂方便跟智慧。當你在解釋五肉的時候，用顯乘的理解來講，五肉用來代表方便，也就是六度當中的前五度，用五肉來代表；五甘露代表的就是智慧，就是六度當中的第六度——智慧的部分。

3、第三個層次：隱藏、隱含的意義，譬如說智慧，就是五種智慧。就這個涵義去做解釋的話，「五肉五甘露」內涵的意義就是五種智慧。如果要再去解釋是哪五種智慧，時間的關係解釋會太多了！

4、第四種層次：是究竟層次上的理解，又叫作果位上的理解。所謂密乘的果位，會談到五身跟五智的結合、雙運，這是果位上的理解。

講到這裡，大家瞭解到，密乘文字的解釋可以用這麼多種層次的角度去看文字描述。如果沒有這樣的理解，很多人會一看到密乘裡面竟然提到「五肉五甘露」，而感到奇怪，怎麼會這樣子寫？以致於無法理解其中所說的密意。但真正的密乘行者，知道它其中究竟的意義是什麼，可是對一般人來說，是無法接受的。

因此，不要光從字面上的意思去看「五肉五甘露」，就以為必須在家裡的佛堂上放五肉、五甘露，那就誤解其中的意思了！如果你不瞭解的話，光看文字會生起很多的誤解。其實在密乘當中，有許多類似這樣的文字敘述，容易引起不解其意的人的誤解，而覺得「怎麼會有這樣的說法呢？」的疑惑。

譬如，某些文字說要殺父、殺母，說要偷、要盜，然後又說什麼飲酒，去依止一個女性等等，這些其實都只是文字表面上的寫法。

譬如說，當談到要殺父跟殺母的意思時，它所比喻的，是指要我們殺除或者斬斷我執的意思。因為我執造成能所二元的對立，所有煩惱的根源，就是由我執而生，因此，在密乘中很多文字，不能直接就望文生義地用這種方式去理解它，必須真正懂得其間所蘊含的究竟意思是什麼。

為什麼說到斬斷我執時，會提到父親跟母親？這是因為被我們所執著，認為這是我的身體，或者說這個蘊、蘊處，最開始是由父精跟母血結合而成的。這樣一個由父精與母血結合而成的蘊身，我們的我執以為他是實有的，以為有一個所謂的「我」。所以在這裡說要殺父、殺母的意思，其實指的是要我們去斬除對於這個蘊身是實有，或者對於「我」的這樣一種我執的執著，要將它斬斷、除去的意思。

儀軌法本提到「五肉五甘露」的時候，我們應該要從第二、第三種層次去理解，也就是從一般性的解釋，還有它所隱藏的意義是什麼的角度來思維。

風動火鼓誓戒之，

甘露沸騰放熾光，

接著提到「風動火鼓誓戒之」這樣一段形容，就是當風吹過來，鼓動爐下的火，將鍋子當中的五肉跟五甘露，不斷地蒸煮。在煮的過程當中，那些不好的雜質排出去了！最後剩下精華，那個精華就是這裡所形容，叫做三昧耶的甘露。這裡的「誓戒」，就是誓言。

「五肉五甘露」的蒸煮雜質，只留下精華的這段形容，其實也是一種比喻。之前有提到說，「五肉五甘露」就是六度波羅蜜的代表，就好比我們在練習布施的過程中，你透過燉煮（練習）的過程，把布施的雜質——那些不好的吝嗇之心，清除掉了！留下來的精華就是你願意分享，或者你願意布施的這種心，它被不斷地提煉而成為精華，留了下來！

同樣的，在你練習持戒的過程當中，那些破戒的、毀犯戒律的情況（不好的雜質），透過不斷練習的過程，把它都煮掉、除掉了。留下來的精華是什麼？就是一種要斷捨煩惱的心。這是用六度的方式去理解，也就是用第一種層次的解釋來詮釋燉煮五肉五甘露的過程。

如果從第二個層次去講解的話，其實這裡也可以指：你排除了逆緣、違緣，然後留下順緣（好的精華）。如果是從第三個層次，即隱藏、隱含的意義去講解時，那些不好的，被轉化掉的，也就是五毒，留下來的就是五種智慧。在這一個層次的解讀上，我們不用「排除」這個名詞，而是用「轉化」，也就是說，五種毒，五種煩惱，它被轉化為五種智慧。在這裡說到，「風動火鼓」煮了之後就成為「誓言甘露」，將這樣的五肉五甘露，轉變成為誓言甘露，大家可以用第二種層次跟第三種層次去理解它。

帶著好動機，四處是供品，隨時可供養

迎請本智甘露降，
合一無別嗡阿吽，
加持香味皆無比。

接著下一段提到，鍋子裡面的這些精華，就是叫三昧耶的甘露，或者叫誓言的甘露，它被提煉留下來了，接著你要想這個誓言的甘露沸騰起來，然後放出各種的光芒。「迎請本智甘露降，合一無別嗡阿吽」的意思是說，這樣的誓言的三昧耶甘露，跟迎請而來的智慧的甘露，合二為一，無二無別，然後用「嗡阿吽」來加持它。

將觀想誓言的甘露，還有跟迎請而來的智慧甘露合一無別，然後用「嗡阿吽」來加持它，讓它成為清淨的、香味無等倫的很好的供品，可以用它來做供養了。還記得之前曾談到，第二世噶瑪巴的一段話，說如山一般的供養嗎？其實他指的如山一般的供養，也就是這裡所謂的「誓言甘露」跟「智慧甘露」合而為一的供品。

還記得昨天上課時曾做的比喻，它雖然有點算是在開玩笑，但也是生活中可以運用的方法。譬如在飛機上用餐，或是你吃任何一餐東西之前，可以用一些方法將食物轉變成為供品，就像是這裡所形容的，它是一個誓言的甘露，加上智慧甘露的供品。同樣的，這裡所形容的最終重點不在於供品上，是在於我們的心跟動機，你怎樣去觀想，怎樣去轉化它。

即使我們的生活中並沒有人頭爐子，也沒有辦法隨時準備五肉五甘露在那兒，然後煮它來做供品，但我們可以有很好的動機，去做這樣的觀想。當你帶著這樣的動機時，其實生活當中處處都是供品，也隨時都可以作供養。這些都是積聚資糧很好的方法，而且也都是符合佛法的。

如此我們便明白了，任何一塊餅乾，或者任何一個水果、一塊蛋糕等等，其實你都可以如法地將它變成供品。所謂的「如法」在這裡指的意思是什麼？就是如同儀軌法本上所形容的，首先要將它轉變為誓言的甘露，接著再迎請智慧的甘露，將二者合而為一，它就會成為一個清淨的供養。

在〈供養食子〉的儀軌修持部分，首先，我們將供品都準備好，也清淨了，接下來繼續接著儀軌講到〈供養食子〉的第二個部分，就是我們要把它供養給誰呢？

根本傳承上師本尊眾，
迎請勇父空行護法眾，
如雲聚集面前虛空中，

儀軌法本提到有「根本傳承上師本尊眾，迎請勇父空行護法眾」，這是供養的對象，但在這裡最主要的供養對象是金剛黑袍護法，接著是所有的上師、本尊、護法等等。要觀想他們如雲一般地齊聚在對面的虛空中，然後我們向他們來做供養。在這個供養的對境當中，有稱「根本上師」的名詞，法本中所形容的這個上師，並不是一般的老師、上師，這裡指的是我們的根本上師。

所以接下來的文字當中，形容這樣子的根本上師是涉及本尊的根本上師，意思就是說，他本身就包含了所有的本尊，他就是所謂的本尊，所以叫涉及本尊的根本上師。同樣的，他也是涉及諸寶的根本上師，也就是所有三寶的根本上師；他也是涉及護法的根本上師。

找尋根本上師的方法

講到上師的時候，我們一生當中都曾親近過許多上師，這些上師可以說是與我們結下法緣的上師。然而在噶舉不共的特殊解釋中，會教我們從這些上師當中去尋找一位根本上師。怎麼分辨呢？哪一個才可以說是我們的根本上師？我們可以從三方面去理解。

在噶舉傳承裡，對「怎麼樣才叫做根本上師」有三種形容、解釋：

一、具備三個恩德的上師

這一位上師，他同時對你具有三個恩德，即給予你別解脫戒、菩薩戒跟密乘戒的上師，就是你的根本上師，這是一般性的解釋。這三個恩德，第一個是，他給予你別解脫戒，第二個是他給予你菩薩戒，第三個是他給予你灌頂、口傳、教授，就是密乘的戒。所以，你等於在同一位上師身上，得到了小乘別解脫戒、大乘菩薩戒，還有密乘的戒律。這一位上師，他就可以稱為具備了三個恩德的上師，他就是你的根本上師。

在這裡的別解脫戒，無論你的身分是在家人，還是出家人，在家人的話，皈依戒就算是別解脫戒了。對出家人來講，他跟這位上師的別解脫戒，指的就是他受的出家戒，那就是他的別解脫戒。這是噶舉傳承裡面，對於根本上師的第一種解釋。

二、給予密乘三恩的上師

這裡所給予的三恩，特別是指密乘的教導。也就是說，如果某一位上師他給了你灌頂、口傳，也給了你教授，你從同一個人身上，得到了密乘灌頂、口傳跟教授的話，這位上師就是你具備三恩的根本上師。這是第二種解釋。

三、指引你心性的上師

當你在做大手印的禪修時，那一位指引你心性，讓你證悟心性的上師，他就是你的根本上師。

所以，只要符合上述這三種情況中的任何一種，這位上師就是你的根本上師。你不需要去問其他人，因為自己最清楚自己跟這位上師的關係，是屬於這三種當中的哪一種。

當然，如果你覺得上述三種分法太麻煩了，不想花那麼多時間去搞清楚誰是你的根本上師的話，最簡單的方法，就是將噶瑪巴視為自己的根本上師，這絕對沒問題！第二世噶瑪巴他自己也說了，因為上師跟護法是無二無別的，所以他的上師就是噶瑪巴。

你可能擔心說，現在的第十七世噶瑪巴鄔金欽列多傑，我跟他的關係好像都不符合上面三種情況，他是不是我的根本上師呢？其實，不用想太多，因為有時候，靠的就是第一眼的信心。當你一眼見到了這位上師，心中立刻生起了一種很強烈的信心，這時候，你可以說，他就是你的根本上師。

就像噶瑪巴的情況一樣，很多人見到了第十七世噶瑪巴，會有一種「他把你的心都偷走、搶走了！」的感覺；或是你一見到這樣的上師，就無法呼吸，覺得對方超有魅力、很吸引人，好像會把你的心帶走似的上師。或著，有一位一直在你心上產生強烈連結的上師，那他也可以說是你的根本上師。

從第一世到第十七世大寶法王，我現在已經決定了，第十七世法王大寶法王就是我的根本上師！至於你們要怎麼決定，那是你們自己的事。講到第十七世法王噶瑪巴，就像這裡文字所形容的，他是一切的本尊，也是所有的三寶，同時是所有護法的總集。但是在這裡大家要注意了，你要慎選你的上師，這點很重要。如果你選錯了上師，就算他涉及了一切，他對你也不會有任何用處。

供養總集本尊根本師，
供養總集三寶根本師
供養總集護法根本師，
尤其金剛黑袍護法尊，

接著這裡說，你特別要對金剛黑袍護法作供養。所以你要將之前準備好的供品，也就是誓言的甘露、三昧耶的甘露，再加上智慧的甘露，合而為一的供品，特別對金剛黑袍護法來作供養。法本上以這麼簡單的一句話「尤其金剛黑袍護法尊」闡述重點。前兩天有來上過課的人，對這句話會有不一樣的理解，因為你知道金剛黑袍這個人是誰，他過去在世間發生了什麼事情，以致於我們要特別對他作供養，你這時都一清二楚了！

具德天女自生之王母，
供養兄妹眷屬護法眾。

接著說「具德天女自生之王母」，這句的「具德天女自生之王母」指的就是瑪哈嘎里。然而，我們前兩天只講了瑪哈嘎拉的故事，沒講到瑪哈嘎拉的妹妹瑪哈嘎里，因為如果連瑪哈嘎里也一起講的話，我們還要再多加兩天才講得完。接著下一句說「供養兄妹眷屬護法眾」，這裡的「兄」是瑪哈嘎拉，「妹」是指瑪哈嘎里，以及眷屬眾。談到眷屬眾，之前談到瑪哈嘎拉護法有分智慧護法，事業的護法，還有世間護法的時候，這裡講到的「眷屬眾」，指的就是那些世間護法。

所以你可以看到，從「尤其金剛黑袍護法尊」之後接下來的這三句，主要是講到瑪哈嘎拉主尊還有他的眷屬尊。「主」跟「從」的眷屬尊都談到了，等於包含了智慧的護法，事業的護法，跟世間的護法都包含在內。

復於多聞天子密咒主，

賢善金剛羅剎行忠神，

之後，法本又提到一些噶瑪噶舉裡面特別有的五個護法，他們是瑪哈嘎拉跟瑪哈嘎里兄妹之外的另五個主要護法。首先談到了五位當中的兩位，一個是「多聞天子」，另一個是「密咒主」。接著下一句談到了後面三位，第三位就是「賢善金剛」，第四位是「羅剎」，第五位是「行忠神」，這五位護法。所以這兩句的第一句講到兩位護法名，後一句談到三位護法名。

對於這五位，他有一個名稱，叫做「五從」，就是「主」跟

「從」的「從」。他們是屬於眷屬的部分，「從」的侍從部分。這五位其實並不算在世間護法當中，也就是說，他們不屬於瑪哈嘎拉的眷屬，而是在眷屬之外的另外五位眷屬眾。換句話說，這五位護法他不是瑪哈嘎拉家族的眷屬眾。

以及黑宮金剛王眾等，
噶瑪巴教護法眾尊前，

另外再談到「黑宮金剛王眾」的黑宮金剛王，他是一種龍族，也不算在「五從」的護法眾。「黑宮金剛王」他出自於哪裡？家在哪裡？他的家就是在西藏拉薩的楚布寺[19]。

龍族充當快遞，水運金頂回寺院

講到楚布寺與龍族黑宮金剛王，這裡有段楚布寺黑色金頂的小故事，故事是這樣說的：去過楚布寺的人都知道，那裡有一個小湖。有一次，第二世噶瑪巴要到中國去，當時中國的皇帝供養了第二世噶瑪巴蓋楚布寺金頂上的黃金。但是，噶瑪巴的侍者們覺得黃金太重了，不好攜帶，所以不想扛回楚布寺。噶瑪巴就對他的侍者說：「搬運的部分你們不用擔心，我來負責，你們只要跟著我去皇帝那邊簽收就好了！」

---

[19] 編注：楚布寺是噶舉傳承最重要的寺院，也是歷代大寶法王的駐錫地。第一世噶瑪巴所創的轉世系統在楚布寺開始。它位於西藏吐龍谷西北方，離拉薩約七十公里。

楚布寺的金頂很大，噶瑪巴知道中國皇帝宮殿旁邊也有一個湖，於是噶瑪巴跟皇帝說，要他把送給楚布寺的黃金，全都丟到他宮殿旁的湖裡去。這時，噶瑪巴就叫他的侍者把那些黃金，一個個的都丟進國王皇宮旁的湖裡面去。因為噶瑪巴知道湖裡住了一個龍王，噶瑪巴告訴龍王說：「你就幫我快遞吧！請你幫我把這些黃金運到西藏楚布寺去。」

侍者們當然不知道原來湖裡面還有龍族，覺得幹嘛都把黃金丟到湖裡去呀，可惜都浪費了！西元 1200 多年的那時，當然沒有飛機或火車這種交通工具，噶瑪巴離開中國回藏地去，光路程就花了三年的時間，加上他還要順路到各個寺院去處理事務。總之，花了三年多的時間，他們終於回到楚布寺了。噶瑪巴帶著他的侍者們，走到楚布寺後面的小湖前，跟他的侍者們說：「你們快過來幫忙，要簽收了！」

但是，畢竟他們一路耽擱太多時間，這快遞的東西早就運到楚布寺的湖裡很久了，所以當他們拿這黃金去做成寺上的金頂時，由於在湖中放太久的關係，長滿了青苔，以致於金頂看起來有點黑黑的。這就是為什麼會有「楚布寺的黑色金頂」這句話的源由跟典故。當然，我不知道當年那時的金頂現在還在不在，可能都已經又翻修了也不一定。

替第二世噶瑪巴負責運貨的龍王，就是法本這裡稱做「黑宮金剛王」的龍王，他既然跟著黃金一起押貨到楚布寺，索性就留了下來！之後，他就被噶瑪巴攝受為楚布寺的護法。

噶瑪噶舉與華人的緣分

這個故事滿有趣的，你可以看到其中微妙的因緣，那就是噶瑪噶舉楚布寺除了有瑪哈噶拉護法之外，也跟龍族特別有緣。噶瑪噶舉跟龍族或者楚布寺跟龍族的關係，之所以會有這樣的一個因緣，似乎也跟華人、中國人被稱為「龍的傳人」的說法相呼應，覺得中國跟龍是很有因緣的，因此在歷史上來講，噶瑪噶舉跟中國或者跟華人的因緣總是特別地深。包括他在全球也有非常多華人的弟子。以我自己個人來講，華人、中國人，對我的恩德也是特別的大。

雖然我跟黑宮金剛王沒有直接的關係，但是非常地感謝他，當年若不是他幫忙把金頂這些東西由中國運到西藏來，建立起漢、藏的因緣，今天我們可能也難以在此相遇。所以讀到這裡，我特別心生感謝。如今，在楚布寺旁邊，就有一個湖叫做「黑宮金剛湖」，一直以來，楚布寺的僧人也都會在湖邊修這個法。

雖然這裡說黑宮金剛王護法是一個龍族，但其實他應該叫做華人、中國人、漢人。你可以看到，這一段文字是由第八世噶瑪巴米覺多傑所寫的，他特別把「黑宮金剛王」也寫進去，最主要就是因為在第二世噶瑪巴的時候，有這樣一個典故。

「噶瑪巴教護法眾尊前」，這句是說，這些護法他們最主要的責任是守護噶瑪巴教的教法，我們在他們尊前，向他們做供養。這句話其實也很清楚地說明，護法並沒有只守護噶瑪巴一人而已，這裡是說，他守護「噶瑪巴教」。這裡「教」的意思，就是指所有的噶瑪巴，以及修持噶瑪噶舉的弟子、行者，「噶瑪」，指的是噶瑪巴教的修行者，他們的法名都有「噶瑪」二字。例如，你若皈依了噶瑪巴，皈依證上的法名就是以「噶瑪」為首命名，由此而跟噶瑪巴教產生連結的關係。

殊勝無漏五肉五甘露，

一百零八食子與甘露，

之前談到供養的對象，接下來是供養物。「殊勝無漏五肉五甘露」等等，就是一開始我們加持那些由誓言三昧耶甘露，再加上智慧甘露雙運的供品。後一句談到「一百零八食子與甘露」，多瑪就是「食子」，有一百零八個食子的意思是供養要非常的多，多到像山一樣的廣大。藏文「班札阿米大」就是甘露的意思。

祈請享用獻供之血液，
五妙欲及祕密之供品，
真如普賢妙供為供養。

談到「祈請享用獻供之血液」，這裡的「血」是象徵意思，代表無貪、不貪著。儀軌裡提到的三個供養——食子、甘露、血，是內供養，「五妙欲」是色、聲、香、味、觸，指的是外在的供養，另一個樂空不二是秘密的供養。

之後是真如的供養，所謂「真如普賢妙供為供養」，指的是沒有所謂的供養者、供養物，也沒有供養對象，這樣三輪體空的供養，即稱為真如普賢妙供，主要指的是供養時的見解。

尊之垢障清淨功德圓，
以吾如實證悟之三門，
願以無餘讚歎而讚歎。

接著是〈讚頌〉的供養。「尊之垢障清淨功德圓」，這裡的「尊之垢障」中的「尊」，指的是供養的對境，也就是金剛黑袍護法與吉祥天女等等，他們的垢障都是清淨而且功德圓滿的。「以吾如實證悟之三門」，你證悟了什麼？你徹底瞭解了什麼呢？這句是指我們知道供養的對境的垢障都是清淨的，功德都是圓滿的，你如實了知、證悟這點之後，以清淨的身、語、意三門，來盡力讚歎。這三句是讚歎圓滿。

尊前祈求具義之願望，
吾等一切共不共成就，
祈請賜與此座即現前！
尤願長壽無病受用增，
心所想望剎那即成就，

接下來是祈求願望的實現，這裡談到「尊前祈求具義之願望」，這裡的「尊」指的是根本上師瑪哈嘎拉。為什麼我們要作供養？目的、願望是什麼呢？是因為要幫助「吾等一切共不共成就，祈請賜與此座即現前！」，也就是說，我們修行者一切共同與不共的成就，當下就能夠得到，特別是「尤願長壽無病受用增，心所想望剎那即成就。」

噶瑪巴尊所有之宏願，
願我迅速無餘促圓成；

說到「噶瑪巴尊所有之宏願，願我迅速無餘促圓成」，也就是我們都能夠快速地圓滿大寶法王噶瑪巴的心意。這裡所提到的噶瑪巴就是先前提到供養對境的根本上師，他是一切本尊攝集的結合，同時也是一切的護法，一切的上師。

障害噶瑪巴教諸魔障，
我皆摧伏彼等化微塵，
如是威力請賜當下現！

接著提到「障害噶瑪巴教諸魔障」，這裡的意思是，所有一切傷害噶瑪巴教法的障礙、魔障，「我皆摧伏彼等化微塵，如是威力請賜當下現」，希望當下就讓我得到這樣的力量。以上就是我們想要得以實現的願望。

以彼如是供讚信善行，
迴向如母一切諸有情，
悉得圓滿佛陀之果位！

接著是一個總結，迴向的意思，用以上的供養、讚歎與善行，迴向如母般的一切有情眾生，願他們都能圓滿證得佛陀的果位。

祈請文

接下來是〈祈請文〉，也是一種供養。這一段祈請文會看到很多護法的名號，有智慧護法、事業的護法、世間眷眾的護法等，都在這裡出現。

吽！
究竟護教金剛黑袍尊，
尊貴具德天女自生母，
黑尊父母、十方依怙尊，
七十二煞、魔、靈、龍王等，
多聞、咒主、凡眾善金剛，
羅剎、行忠普善童子等，

頭兩句「究竟護教金剛黑袍尊」，就是指瑪哈嘎拉，「尊貴具德天女自生母」就是指瑪哈嘎里，接下來談到「黑尊父母、十方依怙尊，七十二煞、魔、靈、龍王等」，這些都是指世間眷眾護法。接下來「多聞、咒主、凡眾善金剛，羅剎、行忠普善童子等」，是五從護法。

七女、四姝、九位熾燃女，
四時天女、四勝戰王母；
廿八自在、十二堅實女，
黑宮王母、吉祥長壽女，

再下來從「七女、四姝、九位熾燃女」開始，到「廿八自在、十二堅實女」，也是他的眷眾。再接下來的「黑宮王母、吉祥長壽女」，「吉祥長壽女」是密勒日巴特別的護法。

天、龍、地神、一切大力神，
無量無數奉命役使者，

接下來「天、龍、地神、一切大力神」，指的是我們所在地方的天龍與地神，也要向他們作供養。接著談到「無量無數奉命役使者」，指的是以上提到的護法們，在他們身邊還有無數的護法。總之，有非常多的護法聖眾在周圍，這裡我們所念到的，都是要作供養的對象。

這兩句所說的一切大力神，意思是指不同地區，有各自的天龍、地神、大力神等等。這裡提到的「天、龍、地神、一切大力神」等等其實是存在的，只是我們看不見，因此我們要試著盡量多供養他們，多製造一些順緣，這樣子他們也會利益我們。不過，有時候我們不小心得罪他們，或製造逆緣的時候，他們也會對我們造成一些傷害，例如有的人常會身體不舒服，各種莫名的病痛等等，很多時候跟這方面也有關係，所以我們要供養、迴向給他們。

供獻所嗜財物大食子，
藥品、供血、金銀、綢緞等，
凡諸實設、意緣等供品，
悅納並令事業得滿願。

這裡提到「供獻所嗜財物大食子，藥品、供血、金銀、綢緞等，凡諸實設、意緣等供品」，這些就是我們要向他們供養的物品。第一句「供獻所嗜財物大食子」，「大食子」跟先前儀軌提到的〈供養食子〉是相呼應的，代表這樣的供品非常的大，大到跟山一般多，所以叫「大食子」。

在「供獻所嗜財物大食子」這一句前，藏文有「涅則」的語句，指的是會讓他們歡喜的意思，但是中文沒有翻譯出來。談到「藥品、供血」等等，這裡的「藥品」，其實指的就是甘露，「供血」意思指不貪著。「金銀、綢緞等」，這些都是一般認為好的受用物供品。

「凡諸實設、意緣等供品」，就是說當我們要供養時，無論是一塊餅乾，或任何一個供品也好，你都要用「實設」這樣的心態去做準備。接著你要「意緣」，透過觀想的方式來供養。接下來「悅納並令事業得滿願」，是希望他們能夠歡喜地接納供品，令我們事業得到圓滿。

酬償誓句

上述的〈祈請文〉念誦三次之後，接著會看到一個〈酬償誓句〉。這一整段主要是一種懺悔，就是要將我們無始以來身、語、意三門所積聚的惡業都予以懺悔。

吽！
噶舉上師與本尊，
勇父空行護法眾，
尤於金剛黑袍尊，
及彼眷眾悉償願。

接著這裡談到「噶舉上師與本尊，勇父空行護法眾，尤於金剛黑袍尊，及彼眷眾悉償願。」這裡「彼眷眾」的「彼」是指瑪哈嘎拉的眷眾，包含智慧護法，事業的護法，還有眷眾的護法，這裡指的就是他們。「悉償願」，指的是酬償三昧耶破損的地方，在藏文的意思就是我們要圓滿他們的心意，如果過去有任何違背了三昧耶的地方，要在這裡懺悔，所以在這裡，「酬償」有懺悔的意思。

祈除內外諸障難，
並令四業得成就！

為什麼要在這裡懺悔呢？主要是為了「祈除內外諸障難，並令四業得成就」，這是最主要的原因。這裡說到外、內各種的障礙，外在的障礙指的就是天災，內在的障礙指的是氣、脈、明點身體的障礙，再來祕密的障礙指的是妄念或是各種惡念非常熾盛，這些都是障礙。其中最糟糕的一種障礙就是我們的惡念。「並令四業得成就」，指的就是息、增、懷、誅四種事業能得到成就。

往昔傳承金山寶鬘眾，
如其教令切莫毀誓言。
本智護法本尊眷屬眾，
享用外內祕密食子供，
平息噶舉教敵之神變！

從「往昔傳承金山寶鬘眾」，一直到「平息噶舉教敵之神變」這一段，是希望圓滿我們的願望。「往昔傳承金山寶鬘眾」，是指典故中講到的佛陀、龍樹菩薩還有仲比巴大師、帝洛巴、那洛巴尊者等以及噶瑪巴，一路傳承下來。這裡每一位大師都有修持瑪哈嘎拉的法，而瑪哈嘎拉護法在每一位歷代祖師面前也都有誓言。

所以接下來「如其教令切莫毀誓言」，這裡是指護法在每一位祖師面前，要不毀損誓言。「如其」的「其」指歷代祖師，這些祖師們曾經囑咐這些護法，要他們去做的這些事情（教令），「切莫毀」，就是這些誓言不要毀損。

「本智護法本尊眷屬眾」，就像我們先前談到的智慧護法，事業的護法，眷屬眾世間護法等等，我們向他們作供養了，所以「享用內外秘密食子供」，他們享用了這些供養後，「平息噶舉教敵之神變」。這裡的「教」可以指整體的佛教，也包括特別是達波噶舉的教法，於是所有的怨敵都得到平息。

嗡 瑪哈嘎拉 嘎里 瑪哈 芒木薩 卡讓 卡嘿以

瑪哈 咼大 卡讓 卡嘿以

瑪哈 吉大 卡讓 卡嘿以

瑪哈 琶蘇大 卡讓 卡嘿以

瑪哈 銘紮 美則以 卡讓 卡嘿以

瑪哈 擴若紮那 卡讓 卡嘿以

瑪哈 阿米達 卡讓 卡嘿以

瑪哈 蘇局大 卡讓 卡嘿以

瑪哈 琶林大 卡讓 卡嘿以

瑪哈 根木尼瑞以地 卡讓 卡嘿以

接著從這裡開始都是一些梵文的咒語。第一行「嗡 瑪哈嘎拉 嘎里 瑪哈 芒木薩 卡讓 卡嘿以」，「瑪哈嘎拉」就是金剛黑袍護法，「嘎里」就是瑪哈嘎里，兩句指的是兄妹兩人；接下來是「瑪哈芒薩 卡讓 卡嘿以」，咒語的前面「瑪哈」就是很多、很廣大的意思，句尾後面都會加一個「卡讓 卡嘿以」，意思就是「請受用」，祈請兄妹二位護法受用剛剛這些供品。

之後的每句咒語裡都會看到「瑪哈」跟「卡讓 卡嘿以」，不同的是中間各自會換掉一個供品詞，例如，第一句是「芒木薩」，第二句是「局大」，第三句是「吉大」。「芒木薩」、「局大」、「吉大」等都是供品，就像先前談到的血跟甘露等等，意思就是很多的這些供品，請你們受用。

懺悔及頂禮

嗡 三昧耶；

阿 三昧耶；

吽 三昧耶。

這一段是供養完後的懺悔，在本書第 22 頁儀軌一開始有「嗡三昧耶；阿三昧耶；吽三昧耶」，這裡的「嗡阿吽」分別代表了瑪哈嘎拉的身語意，「三昧耶」就是誓言，換句話說，我們如果有違背他身的誓言，語的誓言，意的誓言，在這裡我們都要懺悔。

嗡 希瑞以 瑪哈嘎拉 呀恰 佩大利 吽 紮

接著有一行「嗡 希瑞以 瑪哈嘎拉」，意思是具德瑪哈嘎拉，指的就是金剛黑袍，再來「呀洽 佩大立」，是指吉祥天女，在這裡特別將他們兩位的名號寫出來，加上之前有他們的身語意——嗡阿吽，如果我們有違背誓言的話，就要做懺悔。

百字明咒（懺悔違犯三昧耶之罪業）

嗡　邊紮薩埵薩瑪呀　瑪奴巴拉呀　邊紮薩埵喋諾巴

諦叉則卓美巴哇

速埵卡唷美巴哇　速波卡唷美巴哇　阿奴惹埵美巴哇

薩爾哇悉地美札呀擦

薩爾哇嘎爾瑪速紮美　積當希瑞以呀　咕如吽

哈哈哈哈吙　巴嘎問

薩爾哇達他嘎達　邊紮瑪美木札　邊知以巴哇

瑪哈薩瑪呀　薩埵阿

接下來是念百字明咒，在本書第 22 頁儀軌的地方。

頂禮黑袍怙主瑪哈嘎拉

生生世世諸佛所灌頂，

世世生生守護正法教，

大力怙主尊前我頂禮！

念完百字明咒，接著從這裡開始是禮敬，向瑪哈嘎拉、瑪哈嘎里二位禮敬。「生生世世諸佛所灌頂，世世生生守護正法教，大力怙主尊前我頂禮！」

南無阿知以尼 南無唷知以尼 南無大知以尼

喋呀他 嗡 黑以利 黑以利 格以地 則以地 尼地 巴大耶 梭哈

接下來是禮敬。「南無」就是禮敬的意思，第二段「喋呀他 嗡 黑以利 黑以利 格以地 則以地 尼地 巴大耶 梭哈」是一段梵文，是懺悔的文字。

祈請黑袍怙主瑪哈嘎拉

生生世世往昔直至今，
誓願守護如來正法教，
現今於此弘揚佛正法，
我等瑜伽眷屬一切眾，
內外障難唯願悉平息！

「生生世世往昔直至今，誓願守護如來正法教，現今於此弘揚佛正法，我等瑜伽眷屬一切眾，內外障難唯願悉平息！」這五句都是懺悔，目的是希望我們的願望能夠圓滿。

持誦心咒

嗡 希瑞以瑪哈嘎拉 呀洽佩大利 吽紫（108 遍或盡力多誦）

接下來就要持誦咒語，然後禪定，是修法正行的部分。在持誦時，我們要計算持誦咒語的次數，基本上是持誦咒語108次。如果是傳統長儀軌的話，這裡持咒會分成一天四座法，主要分為三段，三段都要持誦咒語，第四座法要念祈願文後再持誦咒語。

各位手上拿的這個法本，稱為日修儀軌，日修儀軌的意思是你每天可以不間斷地去修這個法，所以會比較容易修持，比較簡短，也有助於我們每天的修持。

我們回到持誦咒語，記得瑪哈嘎拉的樣子嗎？我們在持誦本尊咒語時，要先觀想我們自己就是長得這樣子，然後持誦咒語[20]。

祈願、安住

我於現證菩提際，
現證自明本智已，
為護諸佛教法故，
願尊長伴不相離！

[20] 編注：瑪哈嘎拉本尊的觀想，請參看本書第四部、第二章「觀修本尊要訣」內容。

持誦心咒之後，接著儀軌即本書第25頁有一個發願，「我於現證菩提際，現證自明本智已，為護諸佛教法故，願尊長伴不相離」，這裡「願尊長伴」的「尊」是指瑪哈嘎拉。

雖然你會說，我們自己不就是已觀想成為瑪哈嘎拉了嗎？怎麼還要再發願為他？沒錯，就好像我們自心本來就是佛，就是瑪哈嘎拉，但問題是，我們老是忘了這一點！所以，當你在這裡發願說「願尊長伴不相離」，其實這句話的意思就是提醒你，要隨時記得自己就是瑪哈嘎拉。當你不斷、不斷地這樣去憶起自己的本性的時候，你跟本尊可以是不分離的。

融攝次第

慈憫我及眾生故，（手心向上）
以尊神通之威力，
乃至我作供養時，
祈請薄伽梵安住！

在這一段偈文裡，可能還有一個疑問是說，其他本尊的修法到最後都會有一個「融攝次第」，怎麼這裡就沒有「融攝次第」的步驟呢？於是在本書儀軌第25頁最下面就有一段說：「祈請薄伽梵安住」，這裡的祈請安住，就是一個祈願文，就是瑪哈嘎拉的融攝次第。

所謂的融攝，是你之前觀修了，最後你要把他消融在你的心間的意思。所以說：「**慈憫我及眾生故，以尊神通之威力，乃至我做供養時，祈請薄伽梵安住！**」安住在哪裡呢？要安住在自己心間。

剛剛以上這一段就是安住，安住在禪定之中。之後，就是回到日常生活中！

迴向祈願文

我以此善願速證，
上師本尊勇父眾，
空行護法守者已，
令諸眾生一無餘，
悉登彼等之勝位！

從「我以此善願速證，上師本尊勇父眾，空行護法守者已」，一直到最後「悉登彼等之勝位」，是一段迴向。

嗡

願我瑜伽兄弟眾，

二利任運得成就，

不再流轉於生死，

成就無上身語意。

在這之後的祈願是從「嗡 願我瑜伽兄弟眾，二利任運得成就」，到本書儀軌第27頁最上面的「成就無上身語意」為止。

願此越量壇城大吉祥，

晝亦吉祥威德赫赫然，

夜亦吉祥威德熠熠然，

晝夜常願吉祥樂且善！

芒嘎浪木悉地　紮呀　阿拉拉吙（撒米或撒花）

在之後就是念誦吉祥文了，「願此越量壇成大吉祥，晝亦吉祥威德赫赫然」，到最後的一個咒語「芒嘎浪木悉地 紮呀 阿拉拉吙」這個部分，到這裡為止，念完這個咒語，可以說這一座法就圓滿了。

願我世世皆得證，
上師不動金剛尊，
本尊金剛瑜伽母，
護法金剛黑袍尊，
三者無分之果位！

接下來這裡念的「願我世世接得證，上師不動金剛尊，本尊金剛瑜伽母，護法金剛黑袍尊，三者無分之果位！」這個部分，你在下座之前可以先念，在生活中則隨時都要記得這五句偈言的涵義。

這裡提到「上師不動金剛尊」，不動金剛其實是第八世大寶法王米覺多傑的名字，但其實也可以代表歷代的噶瑪巴。這裡提到了上師噶瑪巴，本尊瑜伽母，護法金剛黑袍，任何時候都不分離，這個意思是隨時生活當中你都要這麼去想，不斷去憶念，保持正念，上師、本尊跟護法，只有這樣隨念的時候，才有可能跟他們不分離。

保持歡喜心

在解說儀軌這堂課之前，曾提到說，不知道是誰編纂了這套儀軌，但是可以看到這儀軌是完整的，重點的修持都包含在裡面了。也有法友問到說，都不知道是誰編纂的，我們修它是不是會有麻煩？其實重點在於一個法它值不值得我們修，倒不是因為編者是誰而決定要不要修，而是要看內容是不是已經包含法的一些精髓在裡面。

我們可以看到這本日修簡軌裡面，內容都是出自於長的儀軌，所以並不是編纂的人心血來潮隨手寫出來的，他也是按照原典然後把它節錄出來，方便大家日常修持。

修持要保持一種歡喜心，當你有歡喜心的時候才會精進，什麼叫精進呢？就是你很歡喜，會想要繼續去修習。如果你想要真的深入這個法，要按照傳統四個修誦次第，依序好好學的話，首先就是要讓自己保持一個歡喜心，讓我們可以從這個最簡單、最基礎的修誦儀軌來開始練習。

當你一直延續這樣歡喜跟精進的心之後，就可以依止自己的某一位根本上師，向他請求講說更深入的瑪哈嘎拉修誦要訣。我們沒有辦法在這個課程中馬上就教大家「四種修誦次第」的傳統本尊修持方式，原因第一是絕對沒有時間講得完，第二是很多人也沒有想要學到那種層次的修持，果真這樣教，可能會造成某些人的困擾，所以屬於傳統的本尊教授就不在大眾場合做介紹了。

釋論

第四部，因為勇氣，我們許下誓言

本尊的持誦及觀修

第一章

誦修的四個次第重點

要圓滿一個本尊法，必須依這四個次第步驟而修持。

當我們在修持廣軌時，就方法上來講，需要具備「持誦」（念）以及「觀修」（修）兩大部分。它有一個專有名詞叫做「念修」。「念修」的兩大部分中，「念」指的是持誦的部分，包括了「自生觀想」與「對生觀想」兩種修持；「修」即觀修的部分，包括了「修」與「大修」兩種修持。一個完整的長軌修持，它必須包含上述四個修持部分，我們稱作「念修的四個部分」，也有人稱為「誦修的四個重點」。

持誦——自生觀想與對生觀想

所謂的「念」跟「修」，意思指的是什麼呢？「念」（持誦）的意思是指，無論你修的儀軌是長或短，重點是你要念心咒，也就是持誦咒語，這個稱作「念」的部分。「修」指的是觀修，最主要是對「對生觀想」的本尊作廣大的供養。

如果是修持甚深的長儀軌的話，一開始就必須從「念」，也就是持誦咒語的部分開始。在持誦咒語的部分，有這兩種方式，一個稱「念誦」，一個稱「近念誦」。前者指的是「自生觀想」的部分，後者是指「對生觀想」的部分。

自生觀想

在持誦咒語的「念誦」部分，你可以將這個念誦模擬想像成：「如同月亮跟星星串在一起的星月咒幔」般去念誦它，但這個方法只適用在「自生觀想」的部分，並不適用於「對生觀想」。

這個時候，你要觀想自己就是瑪哈嘎拉，自己的身、語、意，包括樣貌等等就是瑪哈嘎拉本尊，他並不是外在的任何一個事物，他就是你自己。然後用如星月般的咒幔方式來做「自生觀想」的咒語持誦。

怎麼樣去做「如星月般的咒幔觀想」呢？你要觀想在瑪哈嘎拉的心間，也就是自己的心間，有一個月輪，這個月輪周圍有咒語一串串地圍繞，排列成一圈，如同星星圍繞著月亮，形成星幔般轉動著的意思是一樣的。這是念誦的第一個部分，稱「自生觀想」。

對生觀想

念誦的第二個部分叫做「近念誦」，它是在「自生觀想」之外，再多一個觀想對境，就是前方還有佛菩薩、本尊作為我們觀想的對境，稱作「對生觀想」。這時候觀想的程序就是：從「自生觀想」的咒幔中，將光放射出去到對境的本尊心間，再投射回來，這個念誦過程的觀想就叫做「近念誦」。

在這個部分，要觀想心咒就像是旋轉的火焰，由自生本尊的心間，將咒語放射出去到對生本尊後，再放射回來。這樣不斷地來回循環，如同火輪般的將咒語由自己的心間投射到對境本尊心間，直到圓滿次數為止。

一般來說，在修持本尊法持誦咒語的時候，會有這兩個部分，同時，修持一個法，你得要圓滿持誦咒語。怎樣叫做圓滿呢？經典上說，第一個「念誦」的部分，你要念滿 40 萬遍這個咒語。第二個「近念誦」的部分，你要持滿 160 萬遍。一般來講，要圓滿一個本尊法的咒語持誦，需要同時完成上述說的這兩種，即一個要 40 萬遍，另一個要 160 萬遍。但今日我們講的這個瑪哈嘎拉簡修儀軌並不包含在內。

觀修——修與大修

當「念誦」跟「近念誦」圓滿之後，才進入到觀修的步驟。觀修也有兩個部分，一個叫「修」，一個叫「大修」。

修的觀想

「修」這個部分，主要是針對「對生觀想」作觀修，主要的用意是你要對這個「對生觀想」的本尊做廣大的供養。這個比喻就像是國王派遣使臣出去，使臣最終得要返國，並帶點東西回來的意思類似。在這裡，所謂國王派遣的使者，指的就是那些放射出去再收攝回來的心咒光芒；它好比使臣回來時所帶的禮物一樣。

因此，在這一段的修持時，主要的觀想重點就在於：從對生的本尊那兒，會不斷有光芒放射出去、再回來，例如，本尊的心間會放射光芒上供再下施，收回來之後再下施給六道眾生，如此不斷地放射光芒，再收攝回來心間的一種觀想方式。同時間，虛空中還有無量的諸佛菩薩也放出光芒，最後又融攝到對生觀想的本尊心間合而為一，諸如此類的這種觀修。

大修的觀想

「大修」的比喻又是什麼呢？就像是蜜蜂窩破巢，你終於得到所有的蜂蜜般，表示你得到所有的成就了。換句話說，你透過前面三個觀想次第，從最開始持誦咒語的觀想，到「近持誦」的觀想，再到「修」的時候有「對生本尊」放射光芒等等，最後目的是要得到共同跟殊勝的成就。這個過程就好比蜂蜜的收成，蜂窩最後整個掉了下來，散開了，裡面是所有收成的蜂蜜的比喻。

上述是大致介紹，當你要深入專修某個儀軌，從最開始，到得到成就，完整地修持所要具備的四個部分及步驟。

所以，一個長的儀軌，從最開始到得到成就完整地修持，有這樣四個步驟。最開始是自生觀想，月輪、咒語等等這樣來持誦咒語，圓滿數字之後，接著會有「近持誦」，你要觀想對生本尊，自他的光芒交換等等，這樣的循環，然後接著就進入到「修」，再到「大修」，當「大修」圓滿，就得到成就，整個儀軌的誦修有這樣四個次第。

在密乘的修持裡，這是很重要的四個步驟。我們常在密乘裡會聽到尊稱一位喇嘛為「金剛阿闍黎」，怎麼樣能成為「金剛阿闍黎」呢？就是你得要在這個本尊法，依剛剛上述所說的四個修誦步驟，全部都做圓滿了，這時候，你就可以得到金剛阿闍黎的頭銜㉑。

所以，要獲得密乘裡面的金剛阿闍黎並不容易，因為你不只是要聽聞學習，還要去持誦咒語，去實修然後才能成為一位阿闍黎。這也是顯、密不同的地方，在顯教裡面，你聽聞某個教法，然後思維佛學院所學到的知識，只要經過考試之後就可以得到阿闍黎的學位頭銜。但是在密乘裡面就不光只是考試而已，學位的授予是指要像剛剛瑪哈嘎拉修誦所教的那個咒語持誦觀修方式，確實經過之前四個步驟，而且都做圓滿，通過了，才能成為金剛阿闍黎。

如果各位要完整地專修瑪哈嘎拉的話，必須依照剛剛上面所談到的那四個步驟去執行，其中還有很多細節要一個一個去做過。由於在座每個人的想法不一樣，也不是每個人都想要完全按照那樣的次第來學，因此這裡我沒有辦法按照次第細節來教，傳統上，也不是四個次第就一次把它教完。

傳統上來講，任何一個本尊法的修持都需要具備這四個步驟，有沒有證悟是一回事，但至少持誦的功課要做完成。例如，在第一個階段「持誦」的時候，上師會先教學生如何做持誦，

㉑ 譯注：我問校長說，像這樣圓滿地修誦，最後是成了這個本尊的金剛阿闍？還是你修了一個本尊法就成為所有本尊的金剛阿闍黎？校長說，只要圓滿一個本尊的時候，所有本尊的金剛阿闍黎都可算是圓滿了。

如何做觀想，當學生圓滿數字之後，到了「近持誦」的階段，上師會再接續著教如何做「近持誦」的觀想，以及需注意的要點。做完「近持誦」的觀想之後再來才是「修」與「大修」的次第階段。

第二章

觀修本尊的要訣

你要觀自身為本尊，專注、不間斷地禪定在智慧尊心間的咒輪上。

持咒前的觀想步驟

我們現在講的這個本尊觀修，法本屬於祈請簡修儀軌，它是很簡短的日修儀軌，沒有辦法按照長軌的念誦四種次第來修誦。但即使如此，在日修儀軌中我們要持誦的咒語，掌握的要訣重點跟長軌的四個次第是一樣的，因此在本書第 24 頁儀軌的部分，當我們要持誦咒語的時候，你要觀想自己為瑪哈嘎拉，要記得瑪哈嘎拉不是一個在外在的護法，他就是你自己本身的本性。

還記得瑪哈嘎拉長什麼樣子嗎？你就把自己想成那個樣子！你們不用擔心觀想瑪哈嘎拉以後，皮膚就變黑了，不會的，請放心。以下是觀自身為瑪哈嘎拉的幾個重點。

觀自身為瑪哈嘎拉

一、全身的觀想：

先觀想他的樣貌一面二臂，有二足，全身高大而黑中透紅。梵文中，瑪哈嘎拉的「瑪哈」是「大」的意思，「嘎拉」就是「黑」，所以是全身大而黑色的本尊。但是不是要觀想他整個就烏漆麻黑的呢？其實不是，我們自己觀想自己是金剛黑袍護法的時候，並不是全黑的黑，而是黑裡透紅的黑。

在第二世噶瑪巴希當他看到瑪哈嘎拉樣子的時候，發現他的臉其實不是那麼平整滑潤的，他臉上的肌肉一塊塊地突起來，第二世法王形容，猛一下子看到，你可能會覺得他好像是黑的，但再仔細一看，肌肉與肌肉之間的皺紋其實是透紅的，所以他是黑裡透紅的膚色，有點像是燒紅的煤炭，外面是黑的，但裡面隱約透出點點紅亮色澤，這是第二世法王噶瑪巴希看到的樣子。

二、臉部的觀想：

大嘴、三眼，鬚眉如紅色閃電。他的嘴巴非常的大，有三個眼睛，鬍子跟眉毛則像紅色火焰。噶瑪巴希將瑪哈嘎拉的鬍子與眉毛比喻為像烏雲密佈當中的閃電一般，就好像閃電中會透出火焰般的紅光是一樣的。意思是說，瑪哈嘎拉的臉是黑的，但他的髫鬚跟眉毛就像烏雲密布中紅色的閃電。

三、手足的觀想：

右手高持鉞刀，左手捧頭蓋骨於心間，這是我們要觀想自己的樣子。瑪哈嘎拉拿的鉞刀比較特別，它被形容是三戟彎月的形狀，刀頭比較尖一點。他的手腳各自刻有一條蛇纏繞，這四條不同的蛇，代表了印度的四種種姓。

四、穿著的觀想：

九層衣服，外披袖長及地的寬口披風。他穿著藏服，連最外層的披風在內，總共有九層，以台灣的氣候來看，這樣的穿著可能會太熱了！我們可以從一般瑪哈嘎拉唐卡上的畫像，看到披風的袖口是寬的，袖子也很長，長到已垂落在地上。這部分可能有一點受到中國文化的影響，所以袍子會變成這個樣子。

你可能會很好奇，瑪哈嘎拉源自於印度，穿的卻不是印度的服飾，印度並沒有這種披風的傳統，為什麼瑪哈嘎拉會披著披風呢？其實，也不能說印度就完全沒有這樣的披風，因為在印度不同的地區也會有一些貴族穿著這種袍子。但是就西藏傳統的畫風來說，在西藏並沒有這樣子的披風，只有裡面的藏服，所以它應該是比較偏向中國服飾文化傳統。

五、頭頂的觀想：

頭髮沖天，頂上五個骷顱頭，頸飾及項鍊有人頭、蛇纏繞。頭上的五個骷顱頭代表五方佛。在本尊修法時，忿怒尊會以五個骷顱頭代表五方佛，寂靜尊會以五方佛出現。瑪哈嘎拉的頭髮直豎沖天，顏色就像鬍鬚跟眉毛一樣，如烏雲當中的紅色閃電。

他的頂門有一個露出一半的金剛杵。一般來說，頂上金剛杵會以布跟幡圍裹起來，但是在這裡是以蛇纏繞。他的耳環是金鈴做的，頸上戴著一條由 51 個人頭串成的項鍊，像念珠一樣串起來的人頭項鍊旁還有蛇纏繞著。

六、衣飾的觀想：

腰纏虎皮，繫有兵器。他的腰部綁有腰帶，腰間繫有三角兵器。這是當他還是羅剎子的時候，帝釋天給他用來收服阿羅漢的三角形兵器，瑪哈嘎拉把它插在腰間。腰間所纏的虎皮，代表他的勇氣，虎尾巴從前面露了出來。

七、站姿的觀想：

腳踏人屍蓮花日輪上，他站在蓮花座上，蓮花座上面是日輪，日輪上有一個人的屍體，這個人並不是真的死掉的屍體，而是狀態上外氣已經斷了，但內氣還未斷絕的人屍。這個人代表什麼呢？他象徵輪迴的意思。要真正超越這個輪迴，還是有一個我執，瑪哈嘎拉要斬斷它，這個人的屍體所代表的就是這個要斬斷的我執。

所謂「外氣已斷，內氣未斷」，這裡的「內氣」指的就是細微的我執，在這裡代表瑪哈嘎拉要斬斷我們的我執。外氣已斷，指的就是當死亡融入次第的時候，地、水、火、風所有外相都已經融入，沒有了，但是細微的我執還存有，所以用人屍，代表輪迴的相。站姿上，你若仔細看，會發現兩條腿，一個是伸直的，一個是稍微內縮的，但因為他的腿非常短，所以看不太出來。

八、背後燃著熊熊火焰：

接著觀想，在他的背後都是火焰。一般我們說寂靜尊的背後都是光暈，但瑪哈嘎拉為忿怒尊，其背後的火焰代表燃燒的意思，也就是藉由燃燒消除我們的煩惱。

接著，我們還要再觀想噶瑪巴在我們的頭頂上，這是「自生觀想」時，本尊頭頂有噶瑪巴，但在「對生觀想」的時候，本尊的頭上則是不動佛。這點，在自生跟對生時，瑪哈嘎拉頭頂上的主尊是不同的。

由於在「對生觀想」時可以看出對生本尊是哪一個部族，因為瑪哈嘎拉在五方佛中是屬於不動佛部，所以他的頭頂是不動佛。但是在「自生觀想」時，我們說，自己在修持時，最重要的是根本上師，所以在這個時候要觀想自己（瑪哈嘎拉）頭頂上出現的是噶瑪巴，這也印證了古德們所說：「上師跟護法是無二無別的」這句話。

噶瑪巴的相貌特點是：他留有山羊鬍，顏色帶點咖啡色，樣子是比較忿怒的神情，兩隻手都採觸地印。如果是依據第二世噶瑪巴儀軌作修持的話，外觀上要觀想一隻手拿杵，一隻手拿鈴；一隻手高舉，一隻手伸直的樣子。但是在這裡的瑪哈嘎拉儀軌裡面並不需要這樣觀想，你只要觀想噶瑪巴的兩隻手都是觸地印，然後頭頂上戴著黑寶冠，如此這般地觀想，持誦咒語。

持咒的觀想要訣

在這裡，持誦咒語時也有個名詞，叫「持誦禪定」，換句話說，這裡的禪定就是你是專一地在語言上持誦咒語。

重點在你的心。你要觀想在你的心間有一個月輪，月輪中有一個「吽」字，咒語就如星星般圍繞在你的心間，這樣觀想，專注在這上面。

我們說，持咒的觀想，如果按照上一章所解說的傳統四個步驟來做，每一個部分的觀想都會是非常的細微，也非常的多。我們這次就不講細節的部分，而是講恰美仁波切在《恰美山居法》理面特別濃縮的簡易版觀想方式，這個會比較容易修持。

恰美仁波切教導的三尊觀想要訣：

一、首先，持誦咒語前先觀想自己為瑪哈嘎拉，觀想自己身體是瑪哈嘎拉，這是誓言尊。

二、在自己心間，即心的部位再上面一點點，又有一個小小的瑪哈嘎拉，只有四個手指頭大小，那個瑪哈嘎拉就代表你的心。這個小小的瑪哈嘎拉，就是智慧尊。

三、接著你要觀想吽字、月輪、咒語。要觀想在小小的瑪哈嘎拉的心間再有一個月輪，月輪中有一個吽字，周圍圍繞的是他的咒語。這部分的觀想稱為禪定尊，共有以上這三個部分。

這是生起次第的重點，它包括這三個觀修的部分，如果對這個部分沒有清楚理解的話，就不知道要怎麼修生起次第。

你的心要專注在哪裡？要專注在咒輪上。上一章曾說過「誦修的四個次第」比喻，即「念誦、近念誦、修、大修」四種。

其中第一個是月亮以及星幔的比喻，它觀想的位置指的就是這三尊中的第三尊——禪定尊。我們觀想心間有月輪，月輪中有吽字，吽字周圍有如星星般的咒語、咒串圍繞，這是屬於念誦次第時候「自生觀想」的部分。

這時你會很清楚地知道，為什麼叫「自生觀想」了！談到「自生觀想」的時候，這個本尊不在外面，他就是你自己，為什麼呢？首先包含誓言尊——你的身體就是瑪哈嘎拉；同時包括智慧尊——你的心也是瑪哈嘎拉；再來就是你的禪定尊，也就是你的心專注、禪定的地方，就是月輪還有咒語，這就是「自生觀想」的三個要點。

三種持咒的方式

因為咒語大致可以分為三種，所以在持誦咒語的時候，持誦它的方式也有三種，一種叫做明咒，第二種叫做陀羅尼咒，第三個叫做密咒。

一、明咒

在念明咒的時候，聲音是慢慢的，音量大小自己可以聽到，別人則是稍微可以聽到，這是在念明咒時候的方式。例如，大白傘蓋的咒語就是明咒的念誦方式。

二、陀羅尼咒

什麼叫陀羅尼咒呢？觀音菩薩的咒語就是陀羅尼咒，當你在念陀羅尼咒時，聲音是很大聲的。

三、密咒

密咒是默念，不念出聲音，尤其是大部分的無上密法都是密咒，是不會念出聲音的，瑪哈嘎拉就是屬於密咒的這種，所以持誦它時不需要念出聲音來。

密咒的修持，最主要是默念，由心中去憶持它。一邊默念這個心咒的時候，心中的咒語就開始旋轉，旋轉的咒語同時開始放射光芒，這時候放光主是要先向十方三世一切諸佛作供養，這是第一個部分。

之後第二個部分，隨著光芒的收攝，所有諸佛菩薩、上師、本尊、護法、勇父、空行、聖眾等，都隨著光，一一融入到我們自身，這個融入進來的感覺，就像飄落的雪花碰觸到湖面時，立刻與湖水融化在一起的感覺。

在這裡有一個要點，這是要不斷地去觀想放光上供，然後融入自身。要如此不斷地去練習跟觀想，直到你的心能夠很專注、專一在「四指大小的自心瑪哈嘎拉心間」的咒語上，直到沒有任何妄念的時候，那時你就不需要做放光的觀想，你只需要專注在咒語上就好。

但是當你發現又有念頭跑出來，妄念生起的時候，你就得開始重新再回來做放光的觀想，在小小的瑪哈嘎拉心間放出光芒供養十方諸佛，然後再收攝融入自身。這就是在持誦咒語的第一個「念誦」次第時的觀想方式。

各位要修這個瑪哈嘎拉法門的時候，無論你要修半個小時，還是一個小時，整個重點就在剛剛我講的這一部分——持誦咒語，並做三尊的觀想。

恰美仁波切是位很善巧的上師，他告訴我們這樣一個比較簡略的觀修方式，讓初學的人可以清楚明白地修持。說它是簡略的觀修，其實指的也就是前面上一章我剛剛提到「修誦四個次第」步驟中的第一個，也就是「念誦」的次第，「自生觀想」的修持。

換句話說，在這裡我們如果一下子就聽完四個次第步驟的所有觀想方式，而且想一次就都學好的話，反而會搞混亂了，而且一時半刻也沒辦法能馬上做得那麼確實、清楚。俗話說，你只要按部就班地，好好先把第一個修誦次第做對、觀想清楚，後面幾個修誦次第會比較容易進入狀況。

一般開始的時候，我們只要想：有一個咒幔在心間繞著轉就行了！不需要每天都用全套的觀想方式去想。因為最主要是要先建立自身能夠清楚地觀想咒輪於心間的轉法，熟悉之後，你才有辦法進一步去觀想更複雜的咒幔轉動方式。

為什麼我們要這麼做呢？主要的意義又是甚麼？因為透過這種身、語、意的修持，可以讓我們的心專注於禪定當中。為什麼我們說這樣有助於禪定？因為，當我們觀修自身為瑪哈嘎拉以及吉祥天女時，是「身」的禪定；我們的「語」持誦著瑪哈嘎拉以及吉祥天女二者的咒語，是「語」的禪定；而「意」則是專注在心間的咒幔旋轉，以及整個自他互相的融合上。

至於當旋轉的咒語整個都融合為一體的時候，這種將身、語、意全部都收攝在一起的專注，即是最殊勝的一種禪定，也可以說是密乘裡面通過生起次第而修持禪定的一種特殊的方法。因為在顯乘裡，我們有講到共同的止觀禪修，所謂止的禪修，時常需要一個所緣境，可以將你的心安住在某一種所緣境上而修止的禪修。

可是在密乘裡，不需要任何的所緣境，只要透過你自己的身、語、意，就能夠成為你禪修的所依，但你必須安住在自身的身、語、意上，將他成為禪定的修持。所以在密乘的生起次第裡面，基本上，除了本尊跟咒語的差別之外，在禪定上的修持可以說是沒有任何的差別。也就是說，其意義上是沒有差別的，而在做這樣的修持時，我們要認識到是自己的身、語、意跟怙主瑪哈嘎拉以及吉祥天女的身、語、意，無二無別。

所謂怙主大黑天他不是在外面，他在我們自身的身、語、意裡，你直接用自己的身、語、意來做這樣的修持，這一點很重要。當我們在持誦這個咒語的時候，我們要用手拿著念珠，大概放在心間高度的部位來持誦。要知道，當你的念珠放在胸口處，跟你只是放在腿上而念心咒，其效應和加持力有很大的差別，如果你只是拿在手上、放在腿上這樣地念著，心態上很容易就會怠惰下來，變成一種比較輕忽怠慢的行為，減損修誦效果。

念珠置心間，利於專注觀想

然而，當我們將手拿著念珠，放在自己的心間時，就能夠幫助我們專注於去作這些觀想境，而且也能使心專注於這些觀想境上，利於禪定，不會有散亂。所以說，小小一個動作的改變也可以幫助我們專注觀想，是能夠讓心專注的一個非常好的方法。

在密乘的修持裡，我們的兩隻手，左手是最重要的。為什麼說左手最重要？因為講到「方便」與「智慧」這兩個法時，智慧的法是最重要的。在表徵上，右手代表的是「方便」，左手代表的就是「智慧」。由於智慧本身即具有甚深的意義，因此他的重要性也更大。

當我們在觀想佛父、佛母本尊的時候，要知道並不是真正有這樣子的一個本尊在作一種雙運相，其外相上的實體並不是一般我們所以為看到的表象。然而，在我們修持、觀修的時候，我們會需要透過這樣子的一種觀想來幫助觀修，它實際的意義是什麼呢？也就是佛父代表的是方便，而佛母代表的即是智慧。

同樣的道理，就好像右手代表著是方便，而左手代表的是智慧一樣，當右手跟左手，也就是智慧跟方便都能雙運的時候，也代表著獲得究竟雙融的果位。另外一種講法，意義是指：方便代表的是現象，智慧代表的是本質，所以當我們用左手將念珠放在心間的時候，就代表是以這個智慧融合空性的意義，所以這是一種表徵，是一種表象。

簡單地一個動作，其間蘊含著很大的意義。一般我們想瞭解一個人有沒有好好正確地學習持誦，就是看他的手是怎麼拿念珠在念誦的。持念珠的手放在哪裡？因為只是這樣地拿著念珠，放在腿上，並不太有效用。至於咒語在這裡也是要盡力地念誦。看你自己的時間，你可以念誦 100 遍，200 遍，300 遍，都很好，就看自己的情況而定。

大家在持誦瑪哈嘎拉心咒時，可以依照自己的時間，如這裡所教的這樣作觀想。覺得持誦的時間差不多了，就可以接著做最後的迴向。

附錄

第五部，你我曾有的約定

灌頂開示及問答

附錄一

修法前的灌頂開示

在修一個法門之前，先接受灌頂是很重要的。為什麼說灌頂很重要呢？因為我們都希望所學習的法門能有好的結果，而要有好的結果，首先必須要有好的「因」。「因」好，「果」也會好；相對地，「因」不好，「果」也不容易得到。這裡的灌頂就像是種下好的因，但光有因的種子還不夠，這塊種下去的田地還必須是肥沃而且已可以播種種子的田地。於是當我們有了肥沃的田地，也有好的種子，再加上之後不斷地灌溉，我們所希望的結果它才有可能會發生。

「田地與種子」只是一個比喻，這裡要告訴我們的是什麼呢？肥沃的田地比喻的是我們調伏、柔軟的心。但是我們這顆頑強的心，要透過什麼樣的修持方式才能變得柔軟、肥沃，並適合修持呢？在大乘佛法裡，可藉由皈依、發心的方法來調伏自己的心；藏傳佛法則有四共加行等等法門來轉心向法，這些都是基礎的法門，透過這些基礎的佛法讓心轉向佛法，當「心」向法的時候，可以說我們的心就柔軟了，這個肥沃的田地也具備可栽植種子的條件了。 一塊田地是否具備足夠的營養？它夠不夠肥沃？關鍵就在於有沒有發心。所以在大乘佛法裡發心、菩提心是這麼地重要，它可以讓我們的心變得肥沃、有養分。

所以在修持任何法門的一開始，都會說皈依、發心，尤其是發大乘的菩提心，當你發起這一念的菩提心時，肥沃的心田就已具備了。

在皈依、發心的基礎之上，藏傳佛教還有口訣傳承的修持方式，即「四加行」（又分四共加行與四不共加行），這些也是讓我們的心田能夠柔軟、肥沃的方法。當已把肥沃的心田準備好的時候，接著就要播種了，也就是像灌頂、口傳等，這些都具備時，我們的覺受、證悟等等都會自然地發生，因為這些都是法性自然的情況。

今天我們就要來播種了，撒種的雖然是我，但接著之後，這些種子是否能順利發芽？能不能好好地生長，沒有任何障礙，甚至最後能不能結出很好的成果呢？這其實是取決於各位自己的努力。就像照料植物一樣，一旦種子種下去了，就得要花時間、心力去澆水、施肥等等，植物才能長得好。

日常生活都有那一念心，就是修持

同樣地，接受灌頂之後，重點就是有沒有去實修它。所謂接受灌頂之後的實修，指的到底是什麼意思呢？這裡指的就是要持守「三昧耶」或持守誓言。換句話說，當你接受灌頂前，應該要先清楚明白之後必須持守「三昧耶」。什麼樣才算是持守「三昧耶」呢？很簡單，你有修，就是有持守；沒有修，就是沒有持守。

誓言也好，三昧耶也好，只要你有這樣的一念心：「我想持守它」，平時你很自然地就會想去修持。有些人一聽到說灌頂之後就要修持，會以為是否明天就要打包行李去山洞或某個閉關中心去了，其實不是這個意思。修持，最甚深的意思指的是：在日常生活當中你能夠試著去做到，這就是修持了。

重點都在我們當下的那一念心。如果我們的心都沒曾想過要好好修持，或想過要好好持守三昧耶戒，就算我們真的打包到山洞裡或到某個閉關中心去，「心」它還是又跑回到塵世裡來，老擔心「我有什麼事沒做好？」「我接下來要做什麼事情」等等，身體好像已遠離了一切，但是你的心卻還是在塵世裡面，這是因為我們的心還沒有真正想要去修持或持守誓言的關係。

修持是否一定要住在山洞、山上嗎？坦白說，現在不也有很多人捨棄城市的繁擾，寧可搬到清悠的山上住嗎？ 現代人的生活都已有一種既定的水平習慣與模式了，這是物質發達下的產物，說要捨棄現有的一切，去過另外一種不同的清修生活，其實是不容易的。因此，在這裡所講的修持，更重要的指的是我們的心。心，是不是有一種習慣，想要去改變為「我要修習的心」？當這種心念很強的時候，你也可以把這樣的修持帶到現在的生活裡去。

什麼樣叫做持戒？什麼樣叫持守三昧耶、誓言？不就是你那一念強而有力的「我要修持」的心嗎？換句話說，這一念強而有力的「我有這樣一個戒」、「我有這樣一個誓言」的意思。就像是今天我們來到了這裡，接受如法的灌頂，種子已經種下去了，你心中就應該隨時都記得「我心中有這麼一個瑪哈嘎拉灌頂」的法的種子，隨時憶持這點、想起這個心念。

在第二世法王噶瑪巴也提到，當你接受這個灌頂之後，有三點是你應該持守的誓言（即三昧耶戒）：

1、要去持守灌頂的三昧耶戒；

2、任何時候都要像山一般廣大地供養瑪哈嘎拉護法；

3、只要有機會就要不斷地講說這個法。

這裡第三點指的是，如果有其他人也對瑪哈嘎拉有興趣或想修這個法，你應該適時地跟他們講述瑪哈嘎拉是誰，他的典故是什麼等等，要樂於與他人分享。

至於第二點講到「要像山一般廣大地供養瑪哈嘎拉護法」，句中雖然用「像山那麼多」的形容詞來描述我們所作的供養（多瑪），但其實重點指的是：你的「心」要非常地開闊與廣大。供養的多瑪在這裡可以用餅乾來替代，有時餅乾可能只有那麼一點點，但你可以用意念把它觀想成如山一般的多、一樣的大。

準備好的這些供養品或多瑪，你要如何去迴向或供養給這些護法呢？方式之一就是念誦祈願文，也就是儀軌當中的〈供養食子〉「嗡 不淨情器淨化空，從空性中本智之，……」這一大段。透過念這個祈願文像是在為護法們作迴向、作供養。能夠這樣做的話，我們灌頂時所種下的種子就沒有浪費掉了！其意義就像在施肥一樣，苗芽也會長得越來越好。

如果你覺得時間不夠，沒有辦法每天都念這祈願文的話，那麼至少要每天念108遍瑪哈嘎拉的咒語，持續不間斷地每天念誦，這也是瑪哈嘎拉灌頂後要持守的三昧耶戒。其實只要保持著你有一念要去念誦咒語或祈願文的心，這樣的一個想起，就代表那個種子它還在；如果偶爾才想起要去念誦它，那麼可能意味著種子已經腐爛了。

其實，當你內心真的想做時，一定可以找到十分鐘的時間去念誦它，即使上個廁所也不過花費十分鐘，所以持守三昧耶戒很簡單，關鍵就是你想不想做而已。想做，它就會實現；如果你不想做，這一生就都不會實踐。

第二世法王噶瑪巴曾說過，噶瑪巴與金剛黑袍護法沒有任何差別，所以我們念誦「噶瑪巴千諾」或念誦瑪哈嘎拉的咒語，兩者的意思是一樣的。所以也有一種說法，當我們想要修上師相應法時，其實我們就是在修噶瑪巴；修護法時，就等同於在修金剛黑袍護法，這兩者是沒有差別的。當我們向噶瑪巴或向黑袍護法祈請的時候，也等於是在向上師和護法祈請，因為他們兩者是無二無別的。當你修這一門護法的時候，也等於獲得上師噶瑪巴的加持，同時也能得到修持護法的成就。

今天的灌頂基本上就是一個種子，種下去之後要靠各自的努力來守護它、培養它、照顧它，這樣自然可以得到加持。

在灌頂開始之前會先有一個清淨、洗淨的儀式。為什麼最開始要先進行這個儀式呢？因為灌頂就像是要把「醍醐」（最美好的東西）灌給各位，接受灌頂的人好比是接收的容器，容器本身要先洗滌乾淨，才能接收到醍醐裡最純淨的精華。因此當我們在接受灌頂前的洗滌儀式時，要觀想自己的身、語、意就是容器，而且已在清淨的儀式中被清淨了。

在灌頂正行開始前要先生起清淨的動機，不是為了自己離苦得樂而已，而是要發一念菩提心，希望眾生也都能獲得金剛持(佛)的果位，要帶著這樣的動機來接受灌頂。這一念清淨的動機是大乘行者要有的發心。有人會問，密法的行者是不是就不強調菩提心呢？不是的。整個密法之所以能夠建立起來，基礎很重要，而密法的基礎就是大乘的法，也就是以菩提心為基礎而開展出的法教，只是方法上有很多與大乘不一樣的密乘法教。

灌頂前，大家應該對瑪哈嘎拉護法的法脈及傳承有所瞭解，前兩天我們在課程中已經介紹過瑪哈嘎拉的故事。簡略來講，當時一路傳承下來是由龍樹菩薩再到仲比巴大師，然後再到帝洛巴、那洛巴、馬爾巴、密勒日巴、岡波巴，再傳到第一世噶瑪巴杜松虔巴，一路傳到第十六世噶瑪巴。今天大家接受的這個灌頂，是跟隨著第十六世噶瑪巴所得到的灌頂而傳承下來的，同時，這個法脈也跟隨過大司徒仁波切，尤其我在閉關的時候，也是由我的根本上師、當代的大成就者達桑仁波切做指導，從他那兒得到瑪哈嘎拉的灌頂。

從上述所講的上師們所接受到的瑪哈嘎拉灌頂一直到現在，我從來沒有離開過跟上師之間、護法及法脈之間的三昧耶戒及誓言，我的心與上師的心以及與法之間是清淨的。今天將清淨的法脈、誓言及三昧耶戒再傳給各位。這樣一個難得的傳承、珍貴的種子種下去了，之後要如何保護它、守護它，讓種子發芽，那就在於各位自己的修持了。

灌頂後需持守的誓言

今天我們給的是多瑪的灌頂。講到瑪哈嘎拉的灌頂，這是一個不容易給的灌頂。一般來說，瑪哈嘎拉灌頂大致上會給的是一個「多瑪灌頂」，這是一個被允許可以去修持此法的一種灌頂，算是比較簡略的灌頂。如果是大灌頂的話，那就有非常多而廣的內容與細節在裡面。我們要進行的是比較簡略的多瑪灌頂。

在灌頂之後，平常要讓三昧耶戒誓言能夠維持下去，其方法一個是不間斷地念誦〈供養食子〉祈請文[22]，再來是每天要念108 遍瑪哈嘎拉心咒。

一、每天念〈供養食子〉祈請文，或至少 108 遍心咒

如果得到多瑪灌頂之後，要像第二世噶瑪巴希所說的，要持守誓言、三昧耶戒。當中一個誓言是：你要供養瑪哈嘎拉。最常供養的方式是依照念誦的儀軌第八世噶瑪巴所寫的祈願

[22] 編注：可參看本書第 13 頁儀軌中的〈供養食子〉祈請文內容。

文作供養。〈供養食子〉祈請文在儀軌中有的，它其實並不長。持守誓言第一個要做的是每天要念〈供養食子〉祈請文。如果做不到，每天至少要念 108 遍的瑪哈嘎拉咒語㉓。這些都不難，看你要不要做而已。

二、要做如山一般廣大的食物供養

講到供養，原文中說：「要如山一般的供品供養。」首先講到如山一般的多瑪。多瑪是藏文，梵文叫琶林。琶林直接翻過來的意思是堆積起來的供品食物。當你聽到是供品時，台灣其實可選擇的東西就比西藏豐富了。從好一點的巧克力、蛋糕，到餅乾、水果，你要堆積如山一般高的來做供養。

西藏為什麼會變成是作多瑪呢？因為西藏實在沒有什麼吃的，只有糌粑粉。所以只好在糌粑粉中加點水，揉成一個樣子，變成一個多瑪，那是西藏式的食物跟供品。在這裡，你可以用任何供品食物、餅乾、巧克力等等都可以。其實多瑪就是食品。我們只要供養食品就好了，不一定真正要做成多瑪的樣子。

至於要如山一樣的多，是我們要觀想這些供品如山一樣的多，

㉓ 編注：可參看本書第 24 頁儀軌中的心咒。

我們的心量要如同山一樣地廣大的意思。噶瑪巴希說，這一句的真意是我們心量要不斷地擴大，像山一般的高廣，就算你只放了一個水果或一條巧克力、一塊餅乾，但是如果你的觀想能夠如山一樣廣大的話，那也就是如山一般大的供養。如果你有能力的話就不要只有一顆蘋果、一塊餅乾而以。重點是觀想，這是很重要的。

每一個當下都可以是供養

其實，可以將此法的修持融入在你的生活中。舉例來說，你出國坐在飛機上，這一坐可能要五、六個小時以上的飛行旅程，當空服員將吃的東西放在你的餐盤上時，你可以觀想如山一般多的供養給瑪哈嘎拉，然後接著念 108 遍的咒語。這時候你等於二合一的做了一個非常好的事。你供養了瑪哈嘎拉，也完成了第二個誓言，最要的是你也吃飽了。所以，這些誓言的持守，並非一定得特別設定食物要供在佛堂或壇城上才能做。

化繁為簡的意思，其意義和關鍵在這裡，你把握住了，此後不管是站著或走路，都可以是修持的方法。要點其實只有一個，就是我們的心。運用生活中吃喝的每一舉動來融入所守的誓言作修持，那麼這些時間不會白白浪費，你的修行方法也為自己積聚資糧。並非一定要在某個寺院、某個佛像前面給供養的形式才叫供養。如果你了解噶瑪巴希要我們「如山一般供養」的意義是什麼？關鍵在哪裡？就會發現任何時候你都可以藉著當下來作供養。在那樣的供養當下，你也就在持守誓言三昧戒了。

我第一次給瑪哈嘎拉灌頂，是在前幾年列些林的閉關中心，為閉觀行者所作的灌頂。後天則是生平第二次的瑪哈嘎拉灌頂。因為很珍惜看重這個法門，所有會有一點緊張。就像噶瑪巴希最後這一段文字說：你要持守三昧耶戒，你要不斷地作供養。意思就是說，這不是一個簡單普通的法。

還記得年輕的時候，在寺院裡面，大家有一次互相討論要選什麼本尊來學習，譬如勝樂金剛、金剛亥母、瑪哈嘎拉等等，然後從頭到尾就那位本尊相關的儀軌，都要有所熟悉，包括多瑪的製作、維那師角色的領唱、香燈師的儀軌步驟等等。那時候我選的本尊就是瑪哈嘎拉。也因為當時做了那樣的承諾和選擇，所以對瑪哈嘎拉儀軌實修上的各方面內容，比如多瑪要如何製做，儀軌如何唱誦，隨著年紀增長，對於如何實修的方法，各種瑪哈嘎拉教授教本，都比別人有更多機會學習。

這次灌頂的傳承是跟隨第十六世法王得到瑪哈嘎拉「多瑪灌頂」的傳承。當時十六世法王要給灌頂時，也是做了篩選並給予條件的，並不是所有人都可以接受這樣的灌頂。只有少部分的出家僧有得到這個灌頂。在之後，也有跟隨大司徒仁波切得到過一次瑪哈嘎拉多瑪的灌頂。當時我進行三年三個月閉關時，也從當時關房的指導老師達桑仁波切那裡得到了瑪哈嘎拉的多瑪灌頂。接著在關房的第二年，達桑仁波切給予的是瑪哈嘎拉最廣大的灌頂。

由這裡你可以知道，即使是僧人，第一年也不會獲得這樣的大灌頂。現在想想瑪哈嘎拉大灌頂也只有在閉關房裡面才會給予。回想當年整個灌頂的要求是滿嚴格的，也不是每個人都給的。

這裡要再一次提醒，記得要持守灌頂後的三昧耶戒，這點很重要，這就好比每天幫種子澆水、施肥一樣。有兩個誓言要作，一個是每天持續不斷念誦〈供養食子〉祈請文，不然就是每天要念 108 遍的瑪哈嘎拉咒語。

至於如山一般多的多瑪最主要是讓我的心可以廣大，你可以用觀想的方式來作，但平時也要不間斷地多準備一些餅乾食品，有機會就用此來作供養。在家裡比較簡略供養護法的方式，可以準備一個高腳供盤，裡面放一點米，倒一點茶在裡面，下面盤子周圍還可以放一點點餅乾。

附錄二

14個想知道的答案

心咒的涵義

問題一：請仁波切可否為我們解釋瑪哈嘎拉心咒的中文意思？

答：瑪哈嘎拉的心咒是：「嗡 希瑞以 瑪哈嘎拉 呀恰 佩大利 吽 棨」它不是藏文，也不是中文，是梵文的發音。一般所謂密咒或心咒，其實是一個不共的修持，不共的法，所以用梵文直接念誦出梵音的咒來。不管我們知不知道密咒的意思，都要對心咒有信心。請不要因為不知道它的意思，就覺得好像沒有辦法放入心中持念。

用梵文來發音的「嗡 希瑞以 瑪哈嘎拉 呀恰 佩大利 吽 棨」心咒，前面的「嗡 希瑞以」在這個地方就像是開了一個門的意思。「嗡」在一個字串裡有不同代表的意思，但在這裡最主要指的是「願吉祥」。

「希瑞以」藏文的發音是「嗯」，梵文的發音是「希瑞以」，它的意思就是「具德的」，另外還有一個意思叫做「怙主」。

「瑪哈」兩個字的意思就是「大」，「嘎拉」的意思就是「黑」，黑色的黑，所以在這裡就是「大黑」。昨天上課時曾為大家介紹很多觀修本尊的方法，今天也實修了「大黑」，「大黑」可以說是瑪哈嘎拉的另一個稱呼。

「呀恰 佩大利」也叫做「瑪哈嘎里」，就是吉祥天女。「吽 紮」的「吽」也就是瑪哈嘎拉的種子字；「紮」就是吉祥天女的種子字。在這個心咒裡面包含了瑪哈嘎拉跟吉祥天女的咒語在一起，在實修的時候因為他是一個不共的修持，所以沒有特別再多作介紹。簡單來說，這個咒語就是指大黑天——瑪哈嘎拉，跟吉祥天女——瑪哈嘎里。

問題二：請問在觀想咒語的時候，咒語的排列跟轉旋方向？

答：這是屬於父續的觀修部分，所以咒語它是順時針方向右轉。以我手上的杯子為例，種子字「吽」在中間，咒字是逆時鐘排列的，所以咒字的排列方向是逆時針方向一字一字排下來的，但在旋轉的時候則是順時針方向轉動。

問題三：謝謝仁波切的解釋。但我還是有些疑惑：心咒的字是向內站立的嗎？咒字是向裡面？還是朝外面？

答：如果大家還記得的話，修金剛薩埵時，它的咒字是向外站立而圍繞的，但是瑪哈嘎拉的心咒剛好跟金剛薩埵心咒相反，它的字是要向內站立的。

問題四：我們在觀想咒語字時，是要用藏文呢？還是可以用自己懂得的文字來觀想？

答：如果你不懂藏文的話，要用藏文來觀想心咒，可能就很困難了！學藏文是個辦法，但如果現在開始學，可能有點緩不濟急！其實，在持誦心咒的時候，重點在念誦，就是念這個咒語的梵文字發音。但因為在念誦心咒的時候，你還需要作觀修，所以你可以直接就觀修中文字來念誦。當我們一邊念誦時，一邊就可以知道我們念的是甚麼意思，這對我們的觀修會很有幫助。

我們在念誦文字時，最主要是瞭解其中的涵義，從中得到了悟。如果我們不懂得藏文，只是念出藏文的音，你是沒有辦法從藏文字裡去認識到它的意含。同樣的，咒語也一樣。如果你念了藏文發音，但不了解它的意思，你念的這個藏文音，對你其實也沒有多大的幫助。

直接用中文字的中文發音來念誦，我們馬上就可以知道自己念的是甚麼意思。所以我認為在觀想時，觀中文字、念中文發音是可以的。

心間咒字的觀想訣竅

問題五：請問在觀想心間的「吽」字時，它的顏色及大小？

答：你所觀修的心間的瑪哈嘎拉，其大小就是四根手指頭的高度，因為心間的瑪哈嘎拉只有這麼點大，所以你觀想的「吽」字比例大小可以就好。萬一你不小心，把「吽」字觀想得太大，恐怕放不進去心間四指寬高度的瑪哈嘎拉。觀想「吽」字時，小小的就好。「吽」字與周圍所繞的咒語顏色都是深藍色。

問題六：請問旋轉咒幔所發出的光，是甚麼顏色？

答：光是五色光，紅、白、黃、綠、藍。

問題七：當持咒散亂時，是否只要作上供？

答：當你在念誦時心散亂了，你可以觀修五色光，就是將五色光供養到你前面想要供養的對境上，這樣子去想，就可以對治你的散亂。

問題八：問題是，放光上供是由本尊的何處放光？是否需要收回到哪裡？收攝回來的五色光是什麼顏色？

答：我們觀想瑪哈嘎拉時是放出五種光去供養對境的本尊、菩薩，然後這些供養的光會匯入到對境的瑪哈嘎拉身上，於是那些五色光全部都變幻成一個個小小的瑪哈嘎拉，這些小小的瑪哈嘎拉最後融入到我們的自心，然後你就安住在那個狀態中，直到心又散亂了，再一次地做上述這樣的供養。你可以一直重複做這樣的一個觀想過程。

在這裡，收攝回來的並不是五色光，五色光是你要去供養諸佛菩薩、本尊的光。回到你心間的則是他們加持的聖物，也就他們將你所供養的光，加持後變成的瑪哈嘎拉，這些瑪哈嘎拉最後融入到我們的自心，這才是正確五色光的供養步驟。如果安住的時候你的心又散亂了，可以再一次地做這樣光的供養，光最後再變化成瑪哈嘎拉，融入到自心，如此重複不斷，直到心不再散亂。

問題九：我還是不太明白，瑪哈嘎拉心間的瑪哈嘎拉放光，心間的瑪哈嘎拉中間的那個「吽」字放五色光...，是這樣嗎？

答：應該是我們觀想自己就是瑪哈嘎拉，心中再有這個小小的瑪哈嘎拉，而在這個小小的瑪哈嘎拉心中，有個「吽」字在放光。

問題十：這裡有一個屬於中文翻譯的問題。請問儀軌法本前幾頁有一個藏文叫「多傑囊覺瑪」，最後迴向的藏文也有這個「多傑囊覺瑪」，但同樣是藏文，為什麼中文一個翻譯成「金剛亥母」，一個翻譯成「金剛瑜伽母」？

答：在藏文裡面，「多傑囊覺瑪」為本尊金剛亥母，藏文叫多傑帕嫫，所以他直接翻「金剛亥母」，但也可以稱為「金剛瑜伽母」。「多傑囊覺瑪」會譯成這兩個名詞，那只是字義上的說法不同，但是所指的都是金剛亥母這位本尊。就好像說，有人可能擁有兩個名字，一個是中文，一個是英文的名字。但也許有人就只有一個中文名字，但代表的都是同樣一個人。

殊勝的修持時間

問題十一：請問仁波切，每天修持瑪哈嘎拉簡軌時，有特定適宜的時間和地點嗎？例如傍晚或入夜後修持會比白天適宜？以及每個月、每一年，是否有特別殊勝可用來修持瑪哈嘎拉的日子？

答：在寺廟裡，日修簡軌一般是在下午兩點之後修持。室外、室內都可以。藏曆每個月的 29 日，是瑪哈嘎拉暨其眷屬示現娑婆世界之日，是修護法的吉祥日，可以獲得殊勝的成就，也可以消除下個月的障礙。藏曆年最後九天，更是年度修瑪哈嘎拉法的重要時機，可以消除未來一年的障礙，特別是因瞋毒所造的罪業而產生的障礙，所以藏傳寺院歲末都會舉行瑪哈嘎拉法會。

問題十二：請問仁波切，平常我們在家裡修誦瑪哈嘎拉簡軌時，要作多瑪嗎？如果用餅乾、糖果來取代可以嗎？這些供品是否要像仁波切在上課時所說的：「要堆滿滿的，像山一樣高」呢？

答：傳統藏地因食物等物資缺乏，所以修法供養時多會製作多瑪替代供養的食物，成為傳統。但現代修行人多數不會製作多瑪，這個傳統對他們有實際上的困難，所以可以用餅乾、糖果等取代「供養多瑪」，但不是取代代表瑪哈嘎拉的「主尊多瑪」。如果沒有主尊多瑪，可以用瑪哈嘎拉聖像或唐卡代替，不可以用糖果餅乾取代。至於是不是要像噶瑪巴希說的「多瑪堆得像山一樣高」，這一點盡量即可，重點是觀想，要觀想供養多瑪像山一樣多。

問題十三：請問仁波切，掛在家中的瑪哈嘎拉唐卡或法照，在不修誦時，是否要用布幔遮蓋起來才如法？

答：是的，因為瑪哈嘎拉是忿怒尊，他的唐卡或聖像，有人歡喜、有人不一定歡喜，不懂藏傳佛教的人看了還可能會害怕，所以平常不修時還是蓋起來比較好。像寺院供奉瑪哈嘎拉的護法殿，一般人也是不可以進入的，這個道理是相同的。

問題十四：請問仁波切，您提到灌頂後要持守三昧耶戒，每天至少念誦 108 遍瑪哈嘎拉的心咒不間斷。但有時我們常因工作忙碌，一不小心就忘了念誦了，以至於持咒有中斷。請問我該怎麼修補這個毀損誓言的缺失呢？

答：瑪哈嘎拉灌頂的三昧耶，主要是要每天修持日修簡軌，並默誦心咒 108 遍。但完整的三昧耶包含身、語、意三部分，中斷持誦心咒只是其中一部分的缺損，這時要懺悔，發願「不再犯」，以後盡量持守每天修持日修簡軌，暨默誦心咒 108 遍的三昧耶，就可還淨。

儀軌實修（5）

第一護法：瑪哈嘎拉《二臂瑪哈嘎拉日修簡軌》實修教導

作　　者　確戒仁波切
藏 譯 中　堪布羅卓丹傑
發 行 人　孫春華
社　　長　妙融法師
總 編 輯　黃靖雅
責任編輯　徐世華
內頁排版　蘇麗萍
封面設計　施心華
行銷企劃　劉凱逢
發行印務　黃志成

台灣出版　眾生文化出版有限公司
地址：220 新北市板橋區四川路二段 16 巷 3 號 6 樓
電話：02-8967-1025　傳真：02-8967-1069
電子信箱：hy.chung.shen@gmail.com　網址：www.hwayue.org.tw

台灣總經銷　飛鴻國際行銷股份有限公司
地址：231 新北市新店區中正路 501-9 號 2 樓
電話：886-2-8218-6688　傳真：886-2-8218-6458

香港經銷點　里人文化事業有限公司
地址：香港新界荃灣橫龍街 78 號正好工業大廈 22 樓 A 室
電話：(852) 2419 2288　傳真：(852) 2419 1887
電子信箱：anyone_cultural@yahoo.com.hk

初版一刷　2014 年 8 月
一版二刷　2015 年 4 月
I S B N　978-986-6091-32-2（平裝）
定　　價　新台幣 340 元

國家圖書館出版品預行編目（CIP）資料

第一護法：瑪哈嘎拉：《二臂瑪哈嘎拉日修簡軌》實修教導 / 確戒仁波切作；堪布羅卓丹傑藏譯中．-- 初版．-- 新北市：眾生文化，2014.08
216 面；17x22 公分
ISBN 978-986-6091-32-2（平裝）

1. 藏傳佛教　2. 佛教修持

226.965　　103013450